백운정
민법

백운정 편저

1차 | 필수 암기장 제4판

8년 연속
**전체
수석**
합격자 배출

박문각 감정평가사

브랜드만족
1위
박문각

머리말

PREFACE | CONTENTS

본 교재는 감정평가사 1차 시험 합격을 목적으로 출간되었습니다.

본 교재는 기본서·객관식 문제집과 이미 출간된 감정평가사 합격이 보이는 민법 조문&기출 교재를 보충하는 핵심정리자료입니다.

본 교재의 활용방법은 다음과 같습니다.

1. 기본서의 보충교재
민법을 처음 공부하는 분들에게는 기본서로 조문의 의미나 새로운 개념을 익힐 때, 구체적으로 유사 개념을 비교하는 방법으로 가시화하여 보여 줌으로써 이해력을 향상시키는 도구로 활용할 수 있습니다.

2. 객관식 문제집의 보충교재
문제풀이 과정에서 사고의 틀이 필요한 경우나, 종합적인 이해가 필요한 부분의 참고자료로 활용할 수 있습니다.

3. 감정평가사 합격이 보이는 민법 조문&기출의 보충교재
감정평가사 합격이 보이는 민법 조문&기출 교재로 시험에 나올 조문이나 기출지문을 확인한 후, 그 내용의 숙지와 암기력을 높이는 도구로 활용할 수 있습니다.

4. 마지막 정리자료
본 교재의 내용이 위의 과정을 거치면서 반복되어 숙지된 상태라면, 시험장에서 볼 마지막 정리자료로 본 교재를 활용할 수도 있습니다.

본서가 수험생 여러분과 함께 할 비장의 무기가 되길 바랍니다.

제 강의를 들어 주시는 많은 수험생 여러분에게 감사를 드리며, 여러분의 조속한 합격을 진심으로 기원합니다.

신림동 연구실에서 백운정 올림

차례

PART 01　민법총칙

- **CHAPTER 01** 통칙 ·················· 6
- **CHAPTER 02** 인 ··················· 9
  - 제1절 능력 ·························· 9
  - 제2절 주소 ························· 13
  - 제3절 부재와 실종 ················· 13
- **CHAPTER 03** 법인 ················ 16
- **CHAPTER 04** 물건 ················ 21
- **CHAPTER 05** 권리의 변동 ········ 22
- **CHAPTER 06** 법률행위 ··········· 23
  - 제1절 총칙 ························· 23
  - 제2절 의사표시 ···················· 27
  - 제3절 대리 ························· 28
  - 제4절 무효와 취소 ················ 34
  - 제5절 조건과 기한 ················ 39
- **CHAPTER 07** 기간 ················ 41
- **CHAPTER 08** 소멸시효 ··········· 42

PART 02　물권법

- **CHAPTER 01** 총칙 ················ 48
- **CHAPTER 02** 점유권 ············· 53
- **CHAPTER 03** 소유권 ············· 55
  - 제1절 소유권의 한계 ·············· 55
  - 제2절 소유권의 취득 ·············· 57
  - 제3절 공동소유 ···················· 60
- **CHAPTER 04** 용익물권 비교 ····· 63
  - 제1절 지상권 ······················· 67
  - 제2절 지역권 ······················· 71
  - 제3절 전세권 ······················· 72
- **CHAPTER 05** 담보물권 비교 ····· 73
  - 제1절 유치권 ······················· 76
  - 제2절 질권 ·························· 77
  - 제3절 저당권 ······················· 77

PART 03　민사특별법

- **CHAPTER 01** 집합건물의 소유 및 관리에 관한 법률 ······················· 82
- **CHAPTER 02** 부동산 실권리자명의 등기에 관한 법률 ······················· 84
- **CHAPTER 03** 가등기담보 등에 관한 법률 ············· 85

박문각 감정평가사

PART 01

민법총칙

Chapter 01 통칙

■ 제1조 법원과 제185조 물권법정주의 비교

		제1조 【법원】	제185조 【물권의 종류】
조문		민사에 관하여 **법률**에 규정이 없으면 **관습법**에 의하고 관습법이 없으면 **조리**에 의한다.	물권은 **법률** 또는 **관습법**에 의하는 외에는 임의로 창설하지 못한다.
조문의 의미		① **민법**의 법원(실질적 의미의 민법) ② 법원의 적용순서(법률 → 관습법 → 조리)	① **물권**의 법원 ② **물권법정주의**
법률의 의미		① 모든 **성문법**(제정법)을 의미 ② 따라서 명령, 규칙, 조약, 조례도 포함 ➡ 형식적 의미의 법률에 한정 ×	① **형식적 의미**의 **법률**만을 의미 ② 국회에서 제정된 규범 ➡ 명령, 규칙, 조약, 조례도 포함 ×
관습법	의미	사회생활에서 자연적으로 발생하고 반복적으로 행하여진 **관행**이 사회구성원의 법적 확신에 의한 지지를 받아 **법적 규범화된 것**	
	범위	① 관습법상 법정지상권 ② 분묘기지권 ③ 동산의 양도담보 ④ 명인방법 ⑤ 명의신탁	① 관습법상 법정지상권 ② 분묘기지권 ③ 동산의 양도담보
조리	의미	사물의 본성·도리, 사람의 이성에 기초한 규범(경험칙, 사회통념, 신의성실 등)	
	법원성 유무	제1조 문언상 **법원**성 ○	법원성 ×

■ 제1조 법원과 제106조 사실인 관습 비교

		관습법	사실인 관습
조문		제1조 【법원】 민사에 관하여 **법률**에 규정이 없으면 **관습법**에 의하고 관습법이 없으면 **조리**에 의한다.	제106조 【사실인 관습】 법령 중의 선량한 풍속 기타 사회질서에 관계없는 규정과 다른 **관습**이 있는 경우에 당사자의 의사가 명확하지 아니한 때에는 그 관습에 의한다.
의의		사회생활에서 자연적으로 발생하고 반복적으로 행하여진 **관행**이 사회구성원의 법적 확신에 의한 지지를 받아 **법적 규범화된 것** 판례 인정 : 관습법상 법정지상권, 분묘기지권, 동산의 양도담보 명인방법[1], 명의신탁 부정 : 온천권, 소유권에 준하는 관습상의 물권 등	사회의 **관행**에 의하여 발생한 사회생활규범인 점에서 관습법과 같으나 사회의 법적 확신에 의하여 **법적 규범**으로서 승인된 정도에 이르지 **않은 것**
성립 요건		① **관행** + 법적 확신(통설·판례) ② 헌법을 최상위 규범으로 하는 **전체 법질서에 반하지 아니하여야 함**(판례) ➡ 법원의 재판(국가승인)은 성립요건 ×	① 관행 ② 선량한 풍속 기타 사회질서에 반하지 않아야 함 ➡ 법적 확신은 不要
효력		1) 성문법과의 우열관계 ➡ 보충적 효력설(판례) 2) 사실인 관습과의 관계 ➡ 양자의 구별 긍정(판례)	• 법령으로서의 효력 : × • 법률행위의 해석기준 : ○ ☞ 사적자치가 인정되는 분야에서 법률행위의 의사를 보충하는 기능(사실인 관습 > 임의규정)
법원성 유무		제1조 문언상 **법원**성 ○	법원성 ×
입증책임	원칙	당사자의 주장·입증 **불요**(법원 **직권** 판단)	당사자가 주장·입증 **필요**
	예외	법원이 이를 알 수 없는 경우 당사자의 주장·입증 필요(판례)	경험칙에 속하는 사실인 관습은 법관 스스로 직권 판단 가능(판례)

■ 분묘의 수호·관리권 승계

변경 前	판례	2008년 전합 판결에서 장남이나 장손자를 제사주재자로 우선한다고 판시
변경된 판례	이유	이제 현대 사회의 가치관과 법질서 변화에 부합하지 않음
	조리	1. 협의 (대판(전) 2023.5.11. 2018다248626). ↓ 협의 × 2. **최근친 연장자 우선(조리에 부합)** : 남녀, 적서를 불문하고 지위를 인정 ⇨ 제사주재자 결정에 있어 성별 차별을 금지하는 헌법 정신에 따라.

■ 권리의 경합과 충돌

	권리의 경합	권리의 충돌
권리자	1인	2인 이상(동일 객체에)
권리	2개 이상	2개 이상
문제 포인트	1. 두 권리를 다 행사할 수 있는가(선택사용 可) 2. 하나의 권리행사로 목적달성 시 나머지 소멸	하나의 객체에 누가 권리를 행사할 것인가

---

1) ※ **비교** : 명인방법에 의한 경우는 저당권을 설정할 수 없다.

신의성실의 원칙

조문	제2조 【신의성실】 ① 권리의 행사와 의무의 이행은 신의에 좇아 성실히 하여야 한다. ② 권리는 남용하지 못한다.
의의 (법적 성질)	1) **강행규정** : **직권**조사사항 ➡ 일반조항 → **추상적** 백지조항 : **최후비상조항** 2) 적용범위 : 모든 **사법** 관계 ➡ 공법관계도 적용
적용요건	① 신뢰부여 ② 상대방의 신뢰 ③ 신뢰에 反하는 행위 → 정의관념에 反하여 용인할 수 없는 상태
구체적 기능	1) 권리발생 기능 : 신의칙상 부수적 주의의무 → 고지의무, 보호의무 2) 권리변경 기능 : 사정변경의 원칙 3) 권리소멸 기능 ┬ 권리남용 금지의 원칙 　　　　　　　　└ 모순행위 금지의 원칙, 실효의 원칙 4) 기타 기능 : ① 법보충기능, ② 법률행위 해석의 기준
적용의 효과	권리 행사 저지 효과
적용의 한계 (적용 안 됨)	1) 민법의 기초이념 : 의사무능력, 제한능력제도 2) 강행법규 : 근로기준법, 가담법 제3조, 제4조 등
파생원칙 – 모순행위 금지의 원칙	1) 성립요건 : ① 선행행위 有 　　　　　　② 상대방의 보호가치 있는 신뢰 존재 　　　　　　③ 모순되는 **후행행위** → 권리행사 저지 2) 판례 : ① 무권대리인의 단독상속 후 본인의 추인거절권 행사 × 　　　　② 무상거주 확인서를 작성 후, 건물명도 소송 시 대항력 있는 임차권 주장 ×
파생원칙 – 실효의 원칙	1) 성립요건 : ① 선행행위 → 장기간 권리불행사 　　　　　　② 상대방의 권리행사하지 않을 것에 대한 보호가치 있는 신뢰 존재 　　　　　　③ 새삼스러운 권리행사 → 권리행사 저지 2) 판례 : 징계면직 사례 × 3) 적용범위 ┬ 원칙 : 모두 적용 　　　　　　└ 예외 : 인지청구권 × (일신전속적 권리, 포기 ×)
파생원칙 – 사정변경의 원칙	1) 의의 : 계약준수의무의 예외 2) 성립요건 : ① 법률행위 성립 당시 → 기초된 **객관적** 사정의 **현저한** 변경 　　　　　　② 사정변경의 귀책사유 없어야 함 　　　　　　③ 법률행위 성립 당시 예견불가능 　　　　　　④ 계약내용대로 구속하는 것이 신의칙에 反할 것 3) 효과 : 계약내용의 수정 → 해제 – 소급효(일시적 계약) → 해지 – 장래효(계속적 보증) 4) 판례 : 이사가 부득이 회사채무에 한 **계속적** 보증 : 해지 ○ (⇔ **특정**채무보증 : 해지 ×)
파생원칙 – 권리남용의 원칙	1) 의의 : 제2조 제2항 2) 성립요건 : ① 객관적 요건 　　　　　　　ⅰ) 권리의 존재 & 행사 　　　　　　　ⅱ) 행사가 권리의 정당한 이익 無 → 권리 본래 목적 反함 　　　　　　② 주관적 요건 : 가해목적(의사) 　　　　　　판례 ⅰ) 원칙 : 필요설 　　　　　　　　ⅱ) 예외 : 객관적 요건 有 → 주관적 요건 추인 　　　　　　　　　　　　객관적 요건 有 → 주관적 요건 不要 3) 효과 : 권리행사제한 → **권리자체가 소멸** × ⇒ 부당이득 청구 가능

Chapter 02 인

01절 능력

■ 태아의 권리능력

조문	제3조 【권리능력의 존속기간】 사람은 **생존한 동안** 권리와 의무의 주체가 된다.
의의	원칙 : 권리능력 無 ➡ but 보호필요성 有
개별적 보호주의	① **불법행위**로 인한 손해배상청구권(제762조) ② **상속**(대습상속 포함)(제1000조 제3항) ③ **유증**(제1064조, 제1000조 제3항 유추적용) ④ **유류분** 　∵ 보호 × 　증여, 사인증여 × 　인지청구권 ×
권리능력 취득시기	1) "이미 출생한 것으로 본다"의 이론 구성 ➡ 정지조건설(판례) 2) 의미 ➡ 살아서 **출생하는 것을 정지조건**으로 권리능력 인정(인격소급설) 　즉, 태아가 출생하면 문제사건의 시기까지 소급하여 법률상 출생한 것으로 본다. 3) 태아인 동안 ➡ 권리능력 ×, 법정대리인 ×, 상속능력 ×

■ 사망의 입증곤란 구제

	동시사망 추정(제30조)	인정사망	실종선고(제28조)
사망확실여부	사망확실	사망 거의 확실(확인 ×)	사망 사실 자체 불분명
입증곤란구제	사망시기	사망사실	사망사실
추정의 범위	**법률**상 동시사망 **추정**	사실상 사망 추정	**법률**상 사망**의제(간주)**

■ 의사능력과 행위능력 비교

	의사능력	행위능력
판단기준	개별적·구체적으로 판단	획일적 규정(강행규정)
능력없는 자의 행위	무효	취소
법정추인	×	○
선의의 제3자	대항 가능	대항 가능
신의칙과 관계	민법의 기본원칙 > 신의칙	강행규정 > 신의칙
부당이득 제141조 단서 적용여부	제141조 단서 유추적용	제141조 단서 적용

■ 미성년자의 행위능력

조문	**제5조【미성년자의 능력】** ① 미성년자가 법률행위를 함에는 **법정대리인의 동의를 얻어야** 한다. 　그러나 권리만을 얻거나 의무만을 면하는 행위는 그러하지 아니하다. ② 전항의 규정에 위반한 행위는 **취소할 수 있다**.
의의	원칙 : 미성년자 단독의 법률행위 → **취소권 발생** ➡ 민법의 **결단**(미성년자 보호)
미성년자 단독의 법률행위 취소불가 (예외)	① 법정대리인의 동의 有(제5조 제1항) ② 권리만을 얻거나 의무만을 면하는 행위(제5조 제1항 단서) 　ⅰ) 유리한 매매계약 × 　ⅱ) 증여 ┌ 부담 있는 증여 × 　　　　　└ **부담 없는 증여** ○ 　ⅲ) 변제(수령) × ③ 처분을 허락한 재산(제6조) ┌ **범위**를 정하여 ➡ 목적 범위 × 　　　　　　　　　　　　　└ 묵시적 허락 ○ ⇒ 판례 : 월 소득범위 내에서 신용구매 계약 사례 ④ 영업허락(제8조) ┌ **특정** 영업허락 ○ 　　　　　　　　├ **성년자와 동일한 행위능력 인정** ➡ 법정대리인의 **대리권 소멸** 　　　　　　　　└ 허락의 취소 : 선의 제3자에 대항 × ⑤ 대리행위(제117조) : 대리인은 행위능력이 필요하지 않기 때문 ⑥ 유언(제1061조) : **17세 이상**인 미성년자는 단독으로 유언 가능 ⑦ 성년의제(제826조의2) : 미성년자가 법률혼을 한 때 ⑧ 근로계약, 임금청구
제한능력자 상대방 보호	1) 일반적 보호 ┌ 법정추인 : & 취소원인 소멸 要 　(취소권 배제) └ 제척기간 : 추인할 수 있는 날로부터 3년, 　　　　　　　　　　　　　　법률행위한 날로부터 10년 2) 특별보호 　➡ 상대방의 권리 ┌ 확답촉구권 　　　　　　　　├ 계약 철회권 　　　　　　　　└ 단독행위 거절권 　➡ 제한능력자의 **속임수** : 취소권 배제(제17조) 　　　　　　　┌ **적극적** 기망수단 ┌ 주민등록증 위조 ○ 　　　　　　　│　　　　　　　　　└ 능력자로 칭하거나, 침묵 등 × 　　　　　　　├ 제1항 : 능력자로 속인 경우 → 3가지 모두 포함 　　　　　　　└ **제2항** : 법정대리인 동의 있다고 속인 경우 : **피성년후견인 제외**

■ 피후견인의 비교

내용	피성년후견인	피한정후견인	피특정후견인
요건	정신적 제약		
	사무처리능력 **지속적 결여**	사무처리능력 **부족**	일시적 후원 또는 특정한 사무에 관한 후원 필요
청구권자 (법원 직권 ×)	**본인**, **배우자**, **4촌 이내 친족**, 미성년**후견인**, 미성년 후견감독인, 한정후견인, 한정후견 감독인, 특정후견인, 특정후견감독인, **검사** 또는 **지**방자치단체의 장	**본인**, **배우자**, 4촌 이내 친족, 미성년**후견인**, 미성년후견감독인, 성년후견인, 성년후견감독인, 특정후견인, 특정후견감독인, **검사** 또는 **지**방자치단체의 장	**본인**, **배우자**, 4촌 이내 친족, 미성년**후견인**, 미성년후견감독인, ×, ×, **검사** 또는 **지**방자치단체의 장
심판	• 개시심판 시 본인 의사 고려 • 개시심판과 종료심판이 있음	• 개시심판 시 본인 의사 고려 • 개시심판과 종료심판이 있음	• 심판 시 **본인 의사에 반하면 안됨** • 개시심판과 종료심판이 **없음**[1]
능력	• **원칙** : 제한능력자로서 단독으로 법률행위 불가 • **예외** : ① 법원이 단독으로 할 수 있는 범위를 정한 경우 ② 일용품 구입 등 일상행위는 단독 가능	• **원칙** : 행위능력 있음 • **예외** : 법원이 한정후견인의 동의를 받도록 정한 행위에 한하여 한정후견인의 동의가 필요 • **예외의 예외** : 일용품 구입 등 일상행위는 단독 가능	• **제한능력자 아님** 행위능력 있고 제한되지 않음
후견인	• 성년후견개시심판 시 가정법원이 **직권**으로 선임 • 성년후견인은 **법정대리인임**	• 한정후견개시심판 시 가정법원이 직권으로 선임 • 한정후견인은 **법정대리인** × 한정후견인에게 가정법원의 대리권 수여심판 시 대리권 인정	• 특정후견에 따른 보호조치로 가정법원이 특정후견인 선임 가능 • 특정후견인은 **법정대리인** × 특정후견인에게 가정법원의 대리권 수여심판 시 대리권 인정

■ 미성년자와 피후견인 비교

	미성년자	피성년후견인	피한정후견인	피특정후견인
제한능력자	○	○	○	×
판단기준	19세 미만	정신적 제약		
		사무처리능력 지속적 결여	사무처리능력 부족	일시적 후원 또는 특정한 사무에 관한 후원필요
미성년자의 법정대리인과 후견인의 권리	• 동의권 ○ • 취소권 ○ • 대리권 ○ ※ 미성년자의 행위는 동의가 없을 때 취소가능	• **동의권 ×** • 취소권 ○ • 대리권 ○ ※ 피성년후견인의 행위는 동의 여부 불문하고 언제나 취소 가능	• 동의권, 취소권 : ① 원칙 : × ② 예외 : 한정후견인의 동의를 받아야 하는 행위 : ○ • 대리권 : ① 원칙 : × ② 한정후견인의 동의를 받아야 되는 행위 : × ③ 대리권을 수여하는 심판이 있는 경우 그 범위에서만 대리권 : ○	• 동의권, 취소권 : 예외 없이 × • 대리권 : ① 원칙 : × ② 예외 : 대리권을 수여하는 심판이 있는 경우 그 범위에서만 대리권 : ○ ※ **제한능력자가 아님**

---

[1] 특정후견 기간이나 사무의 범위를 정한 이후, 기간의 경과나 사무처리의 종결로 특정후견도 자연히 종결됨

■ 법률행위의 요건

분류	성립요건	효력요건
일반적 요건	• 당사자 • 목적 • 의사표시	• 권리능력, 의사능력, 행위능력 有 • 확정가능성, 실현가능성, 적법성, 사회적 타당성 有 • 의사와 표시의 일치, 의사표시에 하자가 無
특별 요건	• 요물계약 : 물건의 인도 • 계약 : 의사표시의 합치	• 대리행위에서 대리권의 존재 • 조건부, 기한부 법률행위에서 조건의 성취, 기한의 도래 • 토지거래허가구역 내의 토지거래계약에 관한 관할관청의 허가

■ 무효와 취소의 비교

	무효	취소
효력	처음부터 당연히 효력 없음	취소가 있어야 무효, 취소 전에는 일응 유효
주장권자	누구든지 무효 주장 가능	**취소권자에 한하여** 취소 가능
기간	한번 무효는 계속 무효	취소는 단기제척기간이 적용 제척기간 경과 후에는 취소권 소멸 → 확정적 유효
추인	무효에도 추인제도 존재 다만 추인의 원칙적 효력 발생 ×	취소할 수 있는 법률행위가 추인하면 유효한 법률행위로 확정
법정추인	×	○
부당이득	부당이득의 일반원칙 적용	취소하면 부당이득 문제 발생 ※ 제한능력으로 인한 취소의 경우 → 현존이익의 범위 내에서만 반환책임 짐
민법상 규정	① 의사무능력자의 법률행위 ② 원시적 불능인 법률행위 ③ 강행규정위반 법률행위 ④ 반사회질서의 법률행위(제103조) ⑤ 불공정한 법률행위(제104조) ⑥ 비진의표시(제107조) ⑦ 통정허위표시(제108조)	① 제한능력자의 법률행위(제5조 이하) ② 착오에 의한 의사표시(제109조) ③ 사기·강박에 의한 의사표시(제110조)

■ 취소할 수 있는 법률행위(유동적 유효)의 확정

취소할 수 있는 법률행위	취소	추인	법정추인	제척기간
前	유동적 유효			
後	확정적 소급 **무효**	확정적 유효		
근거	의사표시		객관적 상황	기간 경과
본질	**취소권** 행사	취소권 포기	취소권 배제	취소권 소멸

■ 제한능력자 상대방의 확답촉구권·철회권·거절권

	권리	권리행사의 요건	권리행사의 상대방	대상행위
제한능력자의 상대방의 권리	확답촉구권	선·악의 모두 가능	**능력자, 법정대리인**	계약, 단독행위
	철회권	**선의만 가능**	제한능력자 포함	**계약**
	거절권	선·악의 모두 가능	제한능력자 포함	**단독행위**

■ 제한능력자와 무권대리인 법률행위의 상대방보호 비교

		제한능력자의 법률행위	무권대리행위
법률행위의 효력		유동적 **유효**	유동적 **무효**
확답촉구권 (최고권)	최고권자	**선의·악의 불문** 모든 상대방 가능	
	최고의 상대방	법정대리인 (또는 능력자로 된 본인)	본인
	최고기간	1월 이상의 기간	상당한 기간
	확답이 없는 때	① 원칙적으로 추인 간주 ② 특별절차 요하면 취소로 간주	추인거절로 간주
철회권	철회권자	**선의의 상대방만** 가능	
	철회의 상대방	법정대리인·본인은 물론 제한능력자·무권대리인도 가능	
	행사기간	법정대리인·본인의 추인이 있기 전에만 행사 가능	
거절권		○	×[2]

02 절 주소

03 절 부재와 실종

---

[2] 단독행위에는 별도 규정이 있다(제136조).

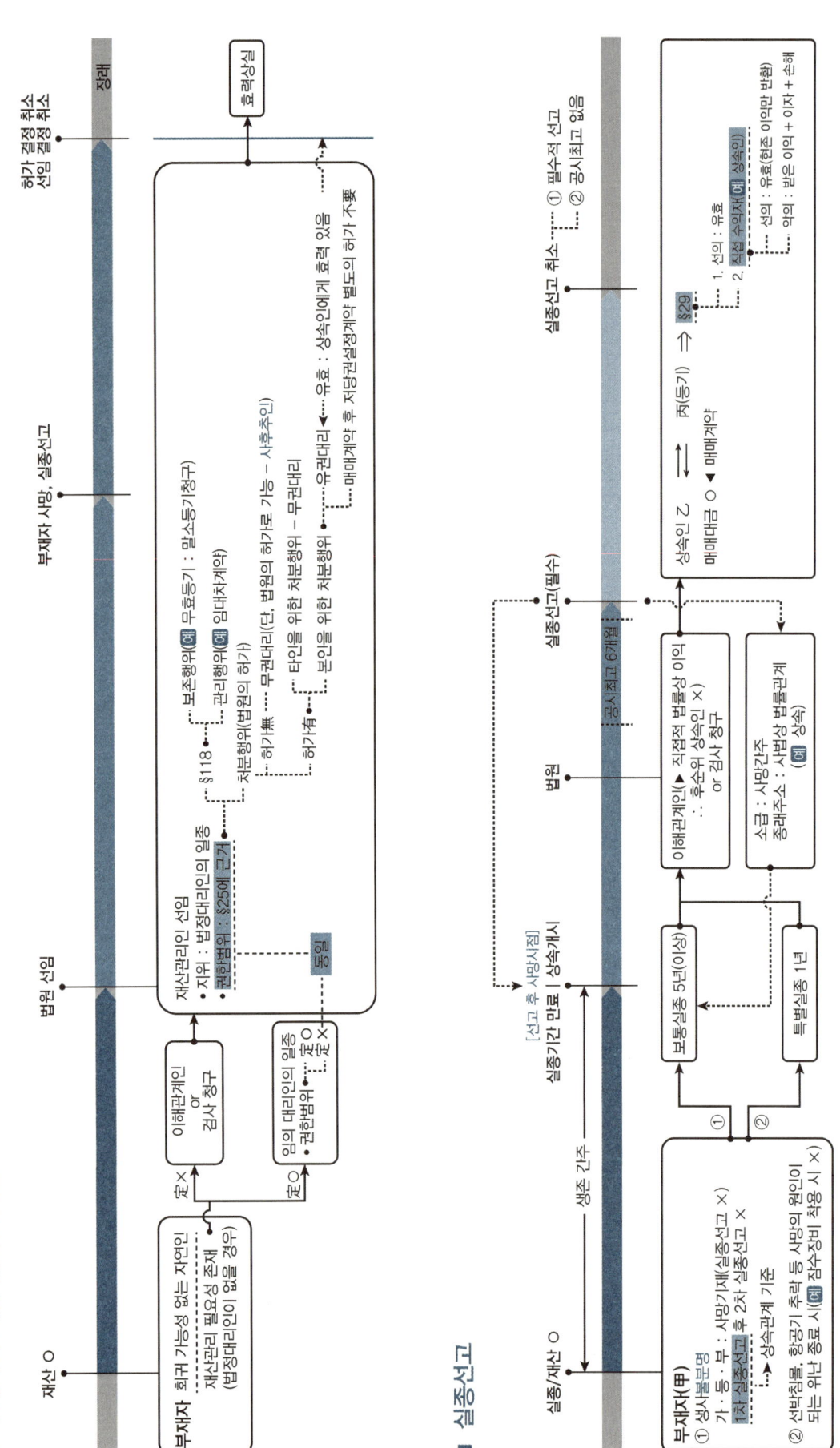

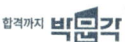

■ 자연인

A&B 혼인계약 → 수정(甲) → [태아] → 출생 → [甲 권리능력(§3)] → 19세 → 사망

미성년(§5~)>>> / 성년(§4)>>> / 상속>>

사망: ▲ 활동정지 & 권리능력 상실

태아
- 권리능력 無
- 법정대리인 無 → but, 보호필요성 有
- 상속능력 無

개별적 보호주의
- 불법행위로 인한 손해배상 청구권(§762)
- 상속(대습상속 포함) (§1000 ③)
- 유증(§1064, §1000 ③ 준용)
- 유류분(§1118)

[미성년자]

미성년자 단독의 법률행위
- 원칙 : 취소 가능
- 예외 : 취소 불가
  - ① 법정대리인의 동의 有(§5 ①)
  - ② 권리만을 얻거나 의무만을 면하는 행위(§5 ① 단서)
    - ⅰ. 유리한 매매계약 ×
    - ⅱ. 부담 있는 증여 ×, 부담 없는 증여 ○
  - ③ 처분 허락 재산(§6)
  - ④ 허락된 특정 영업(§8) → 성년과 동일한 행위능력 → 대리권 소멸
  - ⑤ 대리행위(§117) ← ∵ 성년과 동일한 행위능력
  - ⑥ 17세 이상자의 유언(§1061)
  - ⑦ 근로계약, 임금청구

■ 법인(§31 준칙주의)

A–B–C 조합 계약 → 정관 작성 → [甲 비법인사단] → 설립 등기 → [甲 법인] → 해산 → [甲 청산법인] → 청산사무 종료

유추 적용(§60 제외) (甲 법인 → 甲 비법인사단)

재산소유 : 합유 / 재산소유 : 총유 / 재산소유 : 단독소유 / 재산소유 : 단독소유

주무관청 관리>> / 법원 감독>>

정관 작성(§40)
- 목적
- 명칭
- 사무소 소재지
- 자산 규정
- 이사 임명 규정
- 사원자격 규정
- 존립/해산

(재단 / 사단)

주무관청 허가(§32)

설립등기(§33)
- 목적
- 명칭
- 사무소 소재지
- 설립허가 년월일*
- 존립시기/해산사유
- 자산 총액
- 출자 방법
- 이사의 성명, 주소*
- 이사의 대표권 제한*

1. 권리능력(§34) : 법률과 "정관 목적 범위 內" 권리와 의무의 주체
2. 행위능력 : 규정은 없으나, 권리 능력과 동일
   - 권리능력 內 대표기관의 대표행위만 법인의 행위로 인정

의사결정 : 사원총회 [필수기관]
- 의사결정 기관
  - 원칙 : 모든 사무
  - 예외 : 정관으로 위임한 사항 제외
- 전 권 사 항
  - 정관변경 – 총 사원 2/3 이상 동의
  - 해산결의 – 총 사원 3/4 이상 동의
- 총 회 소 집
  - 소집통지(§71) : 발신주의
  - 결의사항(§72) : 통지에 기재된 사항
  - 결의방법(§75) : 과반수 출석&출석의 과반수 이상

의사집행 : 이 사 [필수기관]
- 대내 – 업무집행 : 과반수
- 대외 – 대표
  - 원칙 : 각자(전부) 대표(§59)
  - 예외 : 대표권 제한
    - ⅰ. 정관기재(§41) : 효력요건
    - ⅱ. 등기(§60) : 대항요건 – if 등기 無, 선악불문 제3자에 대항 못함

감 독 : 감 사 [임의기관]

3. 법인의 불법행위 책임(§35)

해산: ▲ 활동정지

청산목적 ▲ 권리능력 제한

청산사무 종료: ▲ 권리능력 상실

청산인 직무(§87)
1. 현존 사무의 종결
2. 채권의 추심 및 채무의 변제
3. 잔여재산의 인도(§80)
   - ⅰ. 정관에 지정한 자
   - ⅱ. 유사 목적을 위한 처분
   - ⅲ. 국고 귀속

Chapter 03 법인

■ 사단법인과 재단법인의 비교

	사단법인	재단법인
의의	일정한 목적 위해 결합한 사람의 단체	일정한 목적 위해 바쳐진 재산의 단체
종류	영리법인[1], 비영리법인	비영리법인만 존재[2]
설립요건	• 비영리성 • 설립행위 ▶ 정관작성 • 주무관청의 허가 • 설립등기	• 비영리성 • 설립행위 ▶ **출연행위** + 정관작성 • 주무관청의 허가 • 설립등기
설립행위의 법적 성질	합동행위 요식행위	상대방 없는 단독행위, 요식행위
정관작성	1. **목적** 2. **명칭** 3. **사무소**의 소재지 4. **자산**에 관한 규정 5. **이사**의 임면에 관한 규정 6. **사원**자격의 득실에 관한 규정 7. **존립**시기나 해산사유를 정하는 때에는 그 시기 또는 사유	1. 목적 2. 명칭 3. 사무소의 소재지 4. 자산에 관한 규정 5. 이사의 임면에 관한 규정 ×[3] ×
정관보충	없음[4]	• 이해관계인과 검사의 청구로 법원이 함 • 보충대상: 　① **명칭**　② **사무소** 소재지　③ **이사**의 임면방법 • 목적과 자산은 정해져 있어야 함
정관변경	• 원칙적으로 정관변경 허용 • 총사원 2/3 동의 + 주무관청의 허가	• **원칙**적으로 정관변경 **불가** • **예외**적으로 주무관청의 허가로 가능 　① 정관에 그 변경방법을 규정한 경우 　② 명칭, 사무소 소재지 변경 　③ 목적달성 불가능 시 목적도 포함하여 변경 가능
해산사유	• 존립기간의 만료 • 법인의 목적의 달성 또는 달성의 불능 • 기타 정관에 정한 해산사유의 발생 • 파산 • 설립허가의 취소 • 사원이 없게 된 때 • 총사원 3/4 결의로도 해산 가능	• 존립기간의 만료 • 법인의 목적의 달성 또는 달성의 불능 • 기타 정관에 정한 해산사유의 발생 • 파산 • 설립허가의 취소 ×[5] ×

---

1) 상법에서 규율
2) 사원이 없으므로 영리법인은 개념적으로 성립불가
3) 사원이 없으므로 준용하지 않음
4) 사원 스스로가 보충할 수 있기 때문
5) 사원이 없으므로 해산사유 안 됨

■ 제186조와 제187조의 적용문제

1	• 원인행위가 무효·취소·해제로 실효된 경우의 물권의 복귀 ☞ 물권행위와 채권행위의 관계에 대해 유인성설 ⇒ 제187조 적용(판례)
2	• 재단법인의 설립에 있어서 출연재산의 귀속시기(제48조) ① 재단법인에 출연행위 → 상대방 **없는** 단독행위 ○ ② **출연재산의 귀속시기(부동산)** ※ 판례 ┬ 대내관계(출연자&법인) 제187조와 제48조에 따라 　　　　　▸ 생전처분의 경우 : **법인이 성립된 때** 법인의 소유 　　　　　▸ 유언의 경우 : 유언의 효력이 발생한 때(유언자의 사망 시)로부터 법인의 소유 　　　　└ 대외관계(제3자&법인) 제186조에 따라 소유권이전**등기**하여야 이전
3	• 점유취득시효의 완성에 따른 소유권 취득(제245조 제1항) 점유취득시효는 법률규정에 의한 물권변동(제187조) but 민법 제245조 제1항에서 등기 필요 ⇒ **제187조에 대한 예외**
4	• 공유자가 그 지분을 포기(제267조) 공유지분의 포기 → 상대방 **있는** 단독행위 ○ ⇒ 제186조 적용(등기 필요)

■ 법인의 불법행위책임(제35조)

	제35조 제1항	제35조 제2항
조문	제35조 【법인의 불법행위능력】 ① **법인**은 이사 기타 **대표자**가 그 직무에 관하여 타인에게 **가한 손해를 배상할 책임**이 있다. 이사 기타 대표자는 이로 인하여 자기의 손해배상책임을 면하지 못한다.	② 법인의 **목적범위 외의** 행위로 인하여 타인에게 손해를 가한 때에는 그 사항의 의결에 찬성하거나 그 의결을 집행한 사원, 이사 및 기타 대표자가 연대하여 배상하여야 한다.
의의	법인에 대한 **법정무과실 책임**	법인책임 × 의결찬성 사원 등 연대책임
성립요건	1. 대표자 　① 이사, 특별대리인, 임시이사, 청산인, 직무대행자 포함 　② 등기 ×, 실질적 운영, 사실상 대표 ○ 　③ 대표권 없는 이사 ×, 이사의 대리인 ×, 감사 × 2. 직무집행관련성 : **외형이론** → 주관적 목적, 법률위반 불문 　↳ 제한 : 직무관련성 없다는 점에 대해 　　**상대방이 악의 or 중과실** ➡ **법인책임 ×** 　　↳ 법인이 주장·증명책임○ 3. 대표자는 제750조의 불법행위로 인한 손해배상책임 ○	1. 대표자 : 좌동 2. 직무집행관련성 : × 　↳ 목적범위 외이므로 3. 대표자 : 좌동
효력	1. 법인책임 ○ : 과실이 없더라도 책임 ○ (법정무과실책임) 　↳ 피해자의 과실 참작(과실상계)은 가능 2. 대표자는 제750조의 불법행위로 인한 손해배상책임 ○ 3. 법인과 대표자 부진정연대책임	1. 법인책임 × 　**의결찬성 사원 등 연대책임** 2. 대표자는 제750조의 불법행위로 인한 손해배상책임 ○ 3. 부진정연대책임

■ 사단법인 · 비법인사단 · 조합 비교

	조합	비법인사단	사단법인
사단성	단체성 약함 (조직과 기관 부재)	단체성 강함 (조직과 기관 존재)	단체성 강함 (조직과 기관 존재)
규율	계약	정관 기타 규약	정관
권리능력	부정	부정	**긍정**
당사자능력	부정	긍정[6]	긍정
재산소유형태	조합들의 합유	사원들의 총유	법인 단독소유
단체의 행위자	조합원 또는 조합대리	기관(대표자)	기관(대표자)
등기능력	부정	긍정	긍정
불법행위능력	부정	긍정	긍정
채무관계	조합 재산으로 책임짐, 조합원 개인 재산도 책임 있음	비법인사단의 재산만으로 책임짐, 사원은 책임 없음	법인 재산만으로 책임짐, 사원은 책임 없음

※ 조합 조문

제703조(조합의 의의)
① 조합은 2인 이상이 상호출자하여 공동사업을 경영할 것을 약정함으로써 그 효력이 생긴다.
② 전항의 출자는 금전 기타 재산 또는 노무로 할 수 있다.

제704조(조합재산의 합유)
조합원의 출자 기타 조합재산은 조합원의 합유로 한다.

---

[6] 민사소송법 제52조 명문규정 있음. 따라서 비법인사단 명의로 소송수행 가능

■ 공동소유형태의 비교

	공유	합유	총유
인적 결합의 형태	인적 결합 관계 없음 (지분적 소유)	조합체로서의 인적 결합 (합수적 소유)	비법인사단으로서의 인적 결합
지분	공유지분 (제262조 제1항)	합유지분 (제273조 제1항)	**없음**
지분의 처분	자유로이 처분 가능 (제263조 전단)	전원 동의로만 가능 (제273조 제1항)	없음
보존행위	각자 단독으로 가능 (제265조 단서)	각자 단독으로 가능 (제272조 단서)	비법인사단 또는 구성원 전원 (**구성원 1인 : 총회결의를 거쳐도 당사자 ×**)
관리행위 (이용, 개량행위)	과반수지분으로 가능 (제265조 본문)	계약(조합규약)에 의함	사원총회 결의로만 가능 (제276조 제1항)
사용, 수익	지분의 비율에 따라 공유물 전부 사용(제263조)	조합계약 기타 규약에 따름 (제271조 제2항)	정관 기타 규약에 좇아 가능 (제276조 제2항)
처분, 변경	전원 동의 (제264조)	전원 동의 (제272조 본문)	사원총회 결의 (제276조 제1항)
분할청구	분할청구의 자유(제268조 제1항), 단, 금지특약도 가능	불가(제273조 제2항), 단 조합종료 시 가능	불가
등기방식	계약에 의해 성립하는 경우 공유의 등기와 지분의 등기	합유자 전원명의로 등기, 합유의 취지의 기재	단체 자체 명의로 등기 가능 (부동산등기법 제26조)

■ 비법인사단

비법인사단과 조합의 구별기준	① 명칭 구애 ×
	② 단체성 강약 판단 :
	    ⅰ) 조직행위 **필요**, **예외** : **종중**(자연발생적 집단) → 불요
	    ⅱ) 다수결방식
	    ⅲ) 단체존속(구성원의 가입·탈퇴 상관 없이)

법률관계	1. 권리능력 : ×
	2. 법인규정 ─ 원칙 : 유추적용
	           └ **예외** : 법인격 전제 ➡ **제60조(이사의 대표권 제한)**
	3. 소유형태 : **총유**
	    ⅰ) 관리·처분행위(**제276조**)
	        ├ 사원총회 결의 要
	        └ **위반 시 : 무효(강행규정)** ➡ 제126조 ×
	    ⅱ) 보존행위
	        ├ ① 사원총회 결의 要
	        ├ ② 단체명의 또는 구성원 전원이 함께 ○
	        └ ③ 구성원 개인 명의 × (대표자도 ×)
	4. 당사자능력, 등기능력 : ○

종중	1. 종중 : ① 공동선조의 분묘수호와 제사 및 종중원 상호 간 친목 도모 목적
	        ➡ 자연발생적인 관습상의 종족집단 : 조직행위 ×
	      ② 본질적 권리 : 침해금지 → 출석권, 의결권
	      ③ 소집통지 권한 없는 자 : 소집통지 → 무효
	                                    BUT 후 적법 소집한 총회의 추인 可
	2. 고유의미 종중 ×
	    종중 유사단체 인정 여부 ➡ 권리능력 없는 사단 ○(判)
	       ├ ⅰ) 사적 임의단체 : 일부 구성원의 의결권 등 제한 ○(사적자치로 유효)
	       └ ⅱ) **조직행위 ×**

교회	교회의 분열 : 인정 × (비법인사단에 적용)
	├ 민법 기본법리 적용
	└ 사원지위 상실 : **교회의 동일성 인정 여부**
	               └ **정관변경 2/3 이상** ─┬ ○ : 탈퇴 → 탈퇴한 교회 교인들의 총유
	                                                  └ × : 탈퇴 → 잔존교회 교인들의 총유

■ 법인과 비법인사단 대표권제한 비교

대표권제한	법인	비법인사단
유효요건	정관기재	정관기재
대항요건	• 등기(제60조) ○, 제3자에 대항 가능 • if 등기 ×, 선악불문 대항 불가	• 제60조 유추적용 × ▶ 일단 거래 유효 • 거래 상대방이 알았거나 알 수 있었음(악의·과실)을 비법인사단이 입증하면 대항가능(무효주장)

Chapter 04 물건

■ 권리의 객체

물건		제98조【물건의 정의】 본법에서 **물건**이라 함은 **유체물** 및 전기 기타 **관리할 수 있는 자연력**을 말한다.
		① 유체물 + 자연력(무체물) ② 관리가능성 ○ ③ 비인격성 → 원칙 : 사람의 신체 ; 대상 ×. 예외 : 유체, 유골 : 제사주재자 승계 ④ 독립성 → 구성 부분 ×
물건의 종류	부동산·동산	제99조【부동산, 동산】 ① 토지 및 그 정착물은 부동산이다. ② 부동산 이외의 물건은 동산이다.
		1. 부동산 ┌ 토지 : 지적공부의 등록단위가 되는 필(筆)을 표준으로 정함 └ 정착물 　　① 독립정착물 ┬ 건물 → 사회통념 : 최소한 기둥, 지붕, 주벽 有 (원시취득 : 제187조) 　　　　　　　　└ 농작물 → 경작자 소유(권원유무, 명인방법 유무 불문) 　　② 반독립정착물 - 수목, 미분리의 과실 ┬ 원칙 : 부합(토지소유자 소유) 　　　　　　　　　　　　　　　　　　　　└ 예외 ┬ 수목 : **입목등기**, 명인방법 　　　　　　　　　　　　　　　　　(권원○)　　└ 저당권 ○ 　　　　　　　　　　　　　　　　　　　　└ 미분리과실 : 명인방법 2. 동산 : 부동산 아닌 것 예 관리가능한 자연력 ○
	주물·종물	제100조【주물, 종물】 ① 물건의 소유자가 그 물건의 **상용**에 공하기 위하여 **자기소유인 다른 물건**을 이에 **부속**하게 한 때에는 그 부속물은 **종물**이다. ② 종물은 주물의 처분에 따른다.
		1. 종물의 성립요건 ┌ ① 상용(常用)에 공(共) - **주물**의 경제적 효용과 직접적 관계 有 ├ ② 독립성 要 (구성 부분 ×) └ ③ 주물과 종물 : 원칙 소유자 동일 判) 긍정 : 주유기, 연탄창고(부동산 ○) 　　부정 : 유류저장탱크, 정화조, 호텔의 TV 등 2. 효과 - 제100조 제2항 : **처분**의 수반성 ┬── 임의규정 　　　　　　　　　　　　　　　　　　　├ 공법상 처분 ○ ─ 주된 권리, 종된 권리 : 유추적용 ○ 　　　　　　　　　　　　　　　　　　　│　예 압류, 가압류 　　　　　　　　　　　　　　　　　　　└ ≠ 점유(사실상 지배) 포함 ×
	원물·과실	제101조【천연과실, 법정과실】 ① 물건의 **용법**에 의하여 **수취**하는 산출물은 **천연과실**이다. ② 물건의 **사용대가**로 받은 금전 기타의 물건은 **법정과실**로 한다. 제102조【과실의 취득】 ① **천연과실**은 그 원물로부터 분리하는 때에 이를 **수취할 권리자**에게 속한다. ② **법정과실**은 **수취할 권리의 존속기간일수의 비율**로 취득한다.
		1. 천연과실 → 물건의 **용법**에 의하여 수취하는 산출물　※ 사용이익 포함 　　└ **수취할** 권리자에 귀속 ○ (수취한 자 ×) 2. 법정과실 - 물건의 **사용대가**로 받은 금전 기타의 **물건** - 권리 × 　　└ **존속기간일수의 비율**로 취득 ○

Chapter 05 권리의 변동

■ 권리의 취득

			내용
원시취득			건물의 신축, **취득시효(제245조, 제246조)**, 선의취득(제249조), 무주물선점(제252조), **유실물습득(제253조)**, 매장물발견(제254조), 첨부(제256조 이하), 사람의 출생, 법인의 설립 등
승계취득	이전적 승계	특정승계	매매, 교환, 증여 등
		포괄승계	상속, 포괄유증, 회사의 합병 등
	설정적 승계		**제한물권의 설정** 또는 취득이나 임대차계약 등

Chapter 06 법률행위

01절 총칙

■ 법률행위의 요건

분류	성립요건	효력요건
일반적 요건	• 당사자 • 목적 • 의사표시	• 권리능력, 의사능력, 행위능력 有 • 확정가능성, 실현가능성, 적법성, 사회적 타당성 有 • 의사와 표시의 일치, 의사표시에 하자가 無
특별 요건	• 요물계약 : 물건의 인도 • 계약 : 의사표시의 합치	• 대리행위에서 대리권의 존재 • 조건부, 기한부 법률행위에서 조건의 성취, 기한의 도래 • 토지거래허가구역 내의 토지거래계약에 관한 관할관청의 허가

■ 법률행위의 해석방법

구분	자연적 해석	규범적 해석	보충적 해석
개념	표의자의 내심의 진의를 밝히는 해석방법(표의자 입장) → 당사자가 사실상 일치하여 이해한 경우에는 그 의미대로 효력을 인정	표의자의 내심적 **의사의 확정이 불가능한 경우** 표시행위의 객관적 의미를 밝히는 해석방법(상대방 입장)	이미 성립한 **법률행위의 내용에 흠결이 있는 경우** 당사자의 '가상적 의사'를 통하여 그 흠결을 보충하는 해석방법(제3자 입장) → 자연적 해석 또는 규범적 해석에 의하여 법률행위의 성립이 인정된 후에 비로소 논의되는 문제
적용범위 및 효과	[1] 상대방 없는 단독행위 자연적 해석이 적용되는 대표적인 경우 (유언 등 단독행위에 있어서는 표시를 잘못한 때에도 언제나 신의에 따른 효과가 발생) [2] 계약 ① 오표시 무해의 원칙 적용 ② 진의와 표시가 달라도 당사자 모두 진의대로 이해한 경우, 표의자의 진의를 상대방이 이미 올바르게 파악한 경우 등에서 진의에 따른 효과가 인정된다.	[1] 표의자가 표시를 잘못하고 **상대방도 표시된 대로 이해한 경우**에 적용되며, 일단 표시된 대로의 법률행위가 유효하게 성립하며 다만 착오에 의한 취소 문제가 발생하게 된다. [2] 甲이 98만원에 매도할 생각이 있었으나 89만원으로 잘못 표기하고 상대방 乙은 89만원으로 인식하고 도장을 찍은 경우	[1] 계약이 이미 성립하였고, 그 내용에 흠결이 있는 경우에 한하여 적용(법률행위 내용에 흠결이 없는 경우에 적용되는 자연적, 규범적 해석과 구별) [2] 흠결내용에 대한 임의규나 관습이 있는 때는 그를 통하여 법률행위 내용의 간극을 보충할 수 있으나 그러한 보충이 불가능한 때는 '당사자의 가상적 의사'를 통하여 간극을 보충
착오와 관계	착오규정이 적용 × (그릇된 표시에도 불구하고 당사자가 일치하여 생각한 의미대로 효력이 있기 때문)	착오가 중요한 문제로 제기	착오 문제가 발생 ×
판례상 적용례	목적물지번에 관한 당사자 쌍방의 공통하는 착오 – 甲, 乙이 모두 A토지를 계약목적으로 삼았으나 계약서에 B토지를 잘못 표기한 경우에도 쌍방당사자의 의사합치가 있는 이상 A토지에 관하여 매매계약이 성립하며, 만약 B토지에 관해 이전등기가 경료되었다면 이는 원인 없이 경료된 것으로 무효이다(대판 1993.10.26, 93다2629·2636).		

■ 반사회적 법률행위(제103조)

조문	제103조【반사회질서의 법률행위】 선량한 풍속 기타 **사회질서에 위반**한 사항을 **내용**으로 하는 법률행위는 **무효**로 한다.
반사회성	① 내용 : 반사회성 ○ ② 내용 : 반사회성 × 　ⅰ) 법률상 강제성 ⇒ 반사회성 ○ 　ⅱ) **조건** → 반사회성 ○ ⇒ 법률행위 전체의 반사회성 ○(제151조) 　ⅲ) 금가적 대가 결부 ⇒ 반사회성 ○ 　ⅳ) 동기의 불법 → 표시 or 상대방에게 알려진 경우 ⇒ 반사회성 ○
반사회성 인정	① 이중매매에서 제2매수인이 매도인의 배임행위에 '적극가담'하는 경우 ② 보험금을 편취하기 위한 생명보험계약 ③ 부첩관계의 종료를 해제조건으로 하는 증여계약(법률행위 자체가 무효) ➡ 제151조 ④ 어떤 일이 있어도 이혼하지 않겠다는 약정 ⑤ 상대방에게 표시된 동기가 반사회질서적인 법률행위 ⑥ 첩계약, 도박자금에 제공할 목적으로 금전의 대차계약
반사회성 부정	① 이른바 비자금을 소극적으로 은닉하기 위하여 임치계약 ② 양도소득세를 회피할 목적으로 실제로 거래한 매매대금보다 낮은 금액으로 매매계약을 체결한 행위 ③ 강제집행을 면할 목적으로 부동산에 허위의 근저당권을 설정하는 행위 ④ 성립 과정에서 강박이라는 불법적 방법이 사용된 데 불과한 법률행위 ⑤ 부첩관계를 청산하면서 희생의 배상 내지 장래 생활대책 마련의 의미로 금원을 지급하기로 한 약정
반사회성 판단 필요	① 소송상 증언 → 허위 증언 당연 무효 　　　　　　　 → 사실 증언 통상 용인되는 범위 초과 시 무효 ② 성공보수약정 → ① 비변호사 : 당연 무효 　　　　　　　 → ② 변호사 : → 형사사건 : 당연 무효 　　　　　　　　　　　　　　 → **민사사건 : 유효** ③ 이중매매에서 제2매매 → 원칙 : 유효(선의, 단순악의) 　　　　　　　　　　 → 예외 : 무효(배임행위에 적극가담)
효과	① 절대적 무효 : 선의 제3자에게도 주장 可 ② 무효행위의 추인 ×, 무효행위의 전환 × ③ 불법원인급여(제746조) 해당 → 부당이득반환청구 ×(물권적 청구권으로도 반환청구 ×) 　　　　　　　　　　　　　∵ 어떠한 경우도 반환청구는 인정 안 됨

■ 동기의 불법과 동기의 착오 비교

동기의 불법	원칙 → 계약 내용의 불법 × → 제103조에 포함 × 예외 → 표시 or 상대방에게 알려진 경우 → 제103조에 포함 ○
동기의 착오	원칙 → 제109조의 착오에 해당 × 예외 → 상대방에게 표시 and 해석상 법률행위의 내용으로 된 경우 ○ (합의 ×) 　　 → 유발된 동기의 착오 ○ (상대방에게서 표시 여부 불문)

■ 불공정한 법률행위(제104조)

조문	제104조【불공정한 법률행위】 당사자의 궁박, 경솔 또는 무경험으로 인하여 현저하게 공정을 잃은 법률행위는 무효로 한다.
법적 성질	제103조의 예시규정
성립요건	① 급부와 반대급부간의 현저한 불균형 : **증여(기부)행위, 경매 적용 ✕**(공정성 문제 ✕) ② 당사자의 궁박, 경솔, 무경험 : 　ⅰ) 모두 요구 ✕ → 어느 하나만 갖추면 족함 　ⅱ) **대리의 경우** ─ 경솔, 무경험 : 대리인 기준(제116조) 　　　　　　　　└ **궁박 : 본인** ③ 상대방의 악의 要 : 알고 이용해야 함
주장 증명	① 판단시기 : 법률행위 시 ② 무효 주장자 : 성립요건 ①, ②, ③ 모두 입증 要 　→ ① 현저한 불균형 존재 ⇒ ② 당사자의 궁박, 경솔, 무경험으로 **추정 ✕**
효과	① 절대적 무효 : 선의 제3자에게도 주장 可 ② 무효행위의 추인 ✕ → 제139조 적용 ✕ ③ **무효행위의 전환 ○ → 제138조 적용 ○**(제103조와 차이)

■ 임의규정과 강행규정

법률규정	임의배제	임의배제 시 효력	
임의규정	가능	당사자 의사대로 효력발생	
강행규정	불가	사법상 효력까지 무효화	**효력규정**
		무효화하지 않고 벌금 부과 등 단속만	**단속규정**

의사표시 비교

	진의 아닌 의사표시	통정허위표시	착오에 기한 의사표시	사기·강박에 기한 의사표시
조문	제107조 【진의 아닌 의사표시】 ① 의사표시는 표의자가 진의 아님을 알고 한 것이라도 그 효력이 있다. 그러나 상대방이 표의자의 진의 아님을 알았거나 이를 알 수 있었을 경우에는 무효로 한다. ② 전항의 의사표시의 무효는 선의의 제3자에게 대항하지 못한다.	제108조 【통정한 허위의 의사표시】 ① 상대방과 통정한 허위의 의사표시는 무효로 한다. (→ 상대방과 짜고 거짓으로 한 의사표시) ② 전항의 의사표시의 무효는 선의의 제3자에게 대항하지 못한다.	제109조 【착오로 인한 의사표시】 ① 의사표시는 법률행위의 내용의 중요부분에 착오가 있는 때에는 취소할 수 있다. 그러나 그 착오가 표의자의 중대한 과실로 인한 때에는 취소하지 못한다. ② 전항의 의사표시의 취소는 선의의 제3자에게 대항하지 못한다.	제110조 【사기, 강박에 의한 의사표시】 ① 사기나 강박에 의한 의사표시는 취소할 수 있다. ② 상대방 있는 의사표시에 관하여 제3자가 사기나 강박을 행한 경우에는 상대방이 그 사실을 알았거나 알 수 있었을 경우에 한하여 그 의사표시를 취소할 수 있다. ③ 전2항의 의사표시의 취소는 선의의 제3자에게 대항하지 못한다.
성립 요건	① 의사표시의 존재 ② 의사 ≠ 표시 ③ 표의자가 알고 있을 것 ④ 상대방이 알았거나 알 수 있었을 경우 → 무효	① 의사표시의 존재 ② 의사 ≠ 표시 ③ 표의자가 알고 있을 것 ④ 상대방과 통정하였을 것 → 무효 (알고+합의)	① 의사표시의 존재 ② 의사 ≠ 표시 ③ 표의자가 불일치를 모르고 (착오) ④ 법률행위의 내용 ⑤ 중요부분 → 취소권 발생 ⑥ 중과실이 無 → 상대방이 有 입증	① 의사표시의 존재 ② 의사 = 표시 ③ 2단계고의(기망 → 동기 → 의사표시) ④ 사기·강박행위 ⑤ 위법성 ⑥ 인과관계 → 취소
적용 범위	사법상 행위 : 적용 ○ → ① 공법행위 : 적용 ×, ② 소송행위 : 적용 ×, ③ 신분행위 : 적용 ×		당사자 및 포괄승계인 이외의 자, 실질적 새로이 법률상 이해관계자	
제3자 보호	보호범위 : ① 선의만 보호, 무과실은 요건 ×, ② 증명책임 : 선의추정 → 무효를 주장하는 자가 제3자의 악의 증명책임			제3자 사기의 취소 요건 상대방이 악의 과실 존재할 때 가능
참고	진의 : 특정한 내용의 의사표시를 하고자 하는 표의자의 생각 → 표의자가 진정으로 마음속에서 바라는 사항을 못하는 것 ×	제3자 해당 ○ ① 가장매매의 매수인 ② 가장채권을 가압류·가등기 한 자 ③ 가장매매의 매수인으로부터 전득한 자 ④ 가장행위로 설정된 전세권의 저당권 취득자 제3자 해당 × ① 대리인의 가장행위의 본인 ② 채권의 가장양수인에 있어서의 채무자 ③ 채권의 가장양수인으로부터 추심위해 채권을 양수한 자 ④ 가장행위의 계약 위 이전받은 자	내용·착오 해당 여부 ① 표시상 착오·기명날인의 착오 포함 ○ ② 법률상 착오 ○ ③ 동기의 착오 : 원칙 ×, 예외 ○ 중요부분 해당 여부 ① 토지·경계의 착오 ○ : 시가의 착오 × ② 채무자의 동일성의 착오 ③ 경제적 불이익이 없는 경우 ×	착오와 사기의 취소의 관계 표시상 착오 : 제109조만 적용 ○, (기망으로) 제110조 적용 × ① 동기의 착오 : 제110조 적용 ○ 가능 (기망으로) 제109조도 적용 ○ 가능 ② 강박에 의한 의사표시 : 의사의 완전 박탈 시 무효

02절 의사표시

■ 흠 있는 의사표시 비교

의사 ≠ 표시	표의자가 **불일치**를 아는 경우	상대방이 선의, 악의	비진의표시 (제107조)	① 원칙 : 유효 ② 예외 : 무효(상대방의 악의 또는 과실 있는 경우)
		상대방이 악의+합의	통정허위표시 (제108조)	무효(당사자 간에는 언제나 무효)
	표의자가 **불일치**를 모르는 경우		착오에 의한 의사표시 (제109조)	① 원칙 : 취소 가능(법률행위 **내용**에 관하여 **중요부분**에 착오가 있는 때) ② 예외 : 취소 불가(표의자의 중대한 과실 있는 때)
의사 = 표시	그 의사표시에 **하자**가 있는 경우		사기·강박에 의한 의사표시 (제110조)	① 상대방의 사기·강박 : 언제나 취소 가능 ② 제3자의 사기·강박 ㉠ 상대방 있는 경우 　ⓐ 원칙 : 취소 불가 　ⓑ 예외 : 취소 가능(상대방이 제3자의 사기·강박을 알았거나 알 수 있었을 경우) ㉡ 상대방 없는 경우 : 언제나 취소 가능

■ 흠 있는 의사표시 효과 비교

	당사자 간 효과	제3자[1]에 대한 효과
비진의표시 (제107조)	원칙 : 상대방이 선의 & 무과실인 경우 유효 예외 : 상대방의 악의 또는 과실 있는 경우 **무효**	→ 제3자는 선악불문 보호 → **선의**[2]**의 제3자**[3]**에게 대항불가**[4]
통정허위표시 (제108조)	당사자 간에는 언제나 무효	→ 선의의 제3자에게 대항불가
착오에 의한 의사표시 (제109조)	착오를 이유로 취소권 발생 취소되면 소급적 무효	→ 선의의 제3자에게 대항불가
사기·강박에 의한 의사표시 (제110조)	상대방이 사기·강박한 경우 : 언제나 취소 가능 제3자가 사기·강박한 경우[5] : 상대방이 악의 또는 과실 있는 경우에만 취소가능	→ 선의의 제3자에게 대항불가

---

1) 제107조부터 제110조까지 보호되는 제3자의 범위는 모두 동일하다.
2) 선의이면 족하고 무과실은 요구되지는 않는다.
3) 의사표시의 당사자와 포괄승계인 이외의 자 가운데서 그 의사표시를 기초로 하여 새로운 이해관계를 맺은 자
4) 누구라도 선의의 제3자에게 무효를 주장할 수 없다. 그러나 제3자가 스스로 무효를 주장하는 것은 허용된다.
5) 제110조 제2항은 상대방 있는 법률행위에만 적용된다.
　따라서 상대방 없는 법률행위는 제110조 제2항은 적용될 여지가 없어 제110조 제1항에 의해 언제나 취소가 가능하다.

■ 상대방 있는 의사표시의 효력발생시기

제111조 【의사표시의 효력발생시기】
① 상대방이 있는 의사표시는 **상대방에게 도달한 때**에 그 효력이 생긴다.
② 의사표시자가 그 통지를 **발송한 후** 사망하거나 제한능력자가 되어도 의사표시의 효력에 **영향을 미치지 아니한다**.
　1. 원칙 : 도달주의
　2. 예외 : 발신주의

민법상 발신주의	▶ 제한능력자의 상대방의 최고에 대한 확답(제15조) ▶ 무권대리인의 상대방의 최고에 대한 확답(제131조) ▶ 채무인수의 승낙여부 최고에 대한 채권자 확답(제455조 제2항) ▶ 격지자간 계약성립시기에 있어 청약에 대한 승낙(제531조) ▶ 사원총회의 소집 통지(제71조) 등

03 절 대리

■ 대리와 사자 비교

	대리	사자
인정범위	원칙 : 법률행위[6]	원칙 : 사실행위
종류	법정대리·임의대리	표시기관·전달기관
효과의사 결정	대리인이 효과의사 결정	본인이 효과의사 결정
의사표시의 하자	대리인 기준으로 판단	본인 기준으로 판단
본인의 능력	의사능력 ×, 행위능력 ×[7]	의사능력 ○, 행위능력 ○
행위자의 능력	의사능력 ○, **행위능력** ×[8]	의사능력 ×, 행위능력 ×
의사표시의 효력	본인의 의사와 다르다 하여도 효과 발생	다르게 표시하면 본인의 착오, 다르게 전달하면 부도달의 문제

---

[6] 준법률행위 중 의사의 통지(최고, 이행의 청구 등)나 관념의 통지(채권의 양도 통지, 사원총회 소집통지 등)는 유추적용 가능
[7] 권리능력만 있으면 된다.
[8] 제117조에서 "대리인은 행위능력자임을 요하지 않는다"라고 규정

■ 임의대리와 법정대리 비교

		임의대리	법정대리
대리권	발생원인	본인의 수권행위	• 법률의 규정　　• 법원의 선임
	범위	① 수권행위로 결정 ② 보충적으로 **제118조** 적용 　수권 無 ┬ 보존행위 ○ 　　　　　│　예 미등기부동산의 보존등기 　　　　　└ 이용 또는 개량 행위 ○	법률 규정으로 결정
	제한	공동대리(각자대리원칙에 대한 제한) 자기계약·쌍방대리(제124조) ┬ 원칙 : 금지 　　　　　　　　　　　　　└ 예외 : ① 본인의 허락, ② 채무의 이행	
	소멸	공통소멸사유 : **본인**의 **사망**, **대리인**의 **사망**, 성년후견의 개시, **파산**(제127조) • 임의대리의 특유한 소멸사유 　① 원인된 법률관계의 종료 　② 수권행위의 철회	개별규정이 있음 (제22조 제2항, 제23조, 제924조)
현명 요부		○	
대리행위의 하자		대리인 기준	
대리인의 행위능력		행위능력 **불필요**(제117조)	명문의 규정에 의해 필요한 경우가 많다.
복대리		① 원칙 : 복임권 없음 　예외 : 본인의 승낙, 부득이한 사유 있는 때만 　　　　복임권 있음(제120조) ② ┬ 임의대리인이 복대리인 선임 시 　│　선임·감독의 책임을 짐(제121조) 　└ 본인이 지명한 경우 　　　부적임 또는 불성실함을 알고 　　　통지나 그 해임을 해태한 때에만 책임	① 원칙적으로 언제든지 복임권 있음(제122조) ② 원칙 : 복대리인의 모든 행위에 관하여 책임을 짐(제122조) 　예외 : 부득이한 사유로 선임 시 선임·감독의 책임을 짐
표현대리 인정 여부		제125조 적용 ○ 제126조 적용 ○ 제129조 적용 ○	제125조 적용 × 제126조 적용 ○ 제129조 적용 ○

■ 무현명 대리행위와 무권대리

	현명하지 않은 대리행위 (제115조)	대리권 없는 대리행위 (제130조)
개념	대리권 있으나, 대리행위를 표시하지 않은 행위	대리권 표시는 있으나, 대리권 없는 행위
조문	**제115조【본인을 위한 것임을 표시하지 아니한 행위】** **대리인**이 본인을 위한 것임을 표시하지 아니한 때에는 그 의사표시는 **자기를 위한 것으로 본다**. 그러나 상대방이 대리인으로서 한 것임을 알았거나 알 수 있었을 때에는 전조 제1항의 규정을 준용한다.	제130조【무권대리】 대리권 없는 자가 타인의 대리인으로 한 계약은 본인이 이를 추인하지 아니하면 본인에 대하여 효력이 없다.
대리구조	×	○
본인에 대한 효력	1) 원칙 : × 2) 예외 : 상대방이 대리인으로서 한 것임을 알았거나 알 수 있었을 때 ○	2) 예외 : 본인이 추인한 때 ○

■ 임의대리인과 법정대리인의 복임권의 책임 비교

임의대리인	복임권		원칙 : 복임권 × 예외 : 본인의 승낙 또는 부득이한 사유 있는 때만 복임권 ○ (제120조)
	복임에 대한 책임	임의대리인 스스로 선임 시	선임, 감독에 대한 책임 ○ (제121조 제1항)
		본인의 지명에 따라 선임 시	지명한 자가 부적임 또는 불성실함을 알고 본인에 대한 통지나 그 해임을 해태한 때에만 책임 ○ (제121조 제2항)
법정대리인	복임권		원칙상 복임권 ○
	복임에 대한 책임	원칙	과실유무 불문 선임, 감독에 대한 **모든** 책임 ○ (제122조 본문)
		부득이한 사유로 선임 시	임의대리인과 같은 정도로 책임 경감(제122조 단서)

■ 복대리

의의	대리인 자신의 이름으로 **선임한 본인의** 대리인

복임권	① 임의대리인 ┬ 원칙 : 없음
	      └ 예외 : 본인의 승낙, 부득이한 사유 있는 때만 있음(제120조)
	         ┬ 임의대리인 선임 : 선임·감독의 책임(제121조)
	         └ 본인이 지명 : 부적임·불성실함을 알고 통지나 그 해임을 해태한 때에만
	② 법정대리인 : 언제든지 복임권 있음(제122조)
	      ┬ 원칙 : 복대리인의 모든 행위에 관하여 책임(제122조)
	      └ 예외 : 부득이한 사유 : 선임·감독의 책임(경감)

소멸	① 대리인으로서의 권한소멸 사유로 소멸 ② **대리인의 대리권 소멸 시**에도 소멸
표현대리	복대리인 → 무권대리 ○ → 제125조, 제126조, 제129조 ○

■ 표현대리 비교

	대리권수여의 표시에 의한 표현대리	권한을 넘은 표현대리	대리권소멸 후의 표현대리
조문	**제125조 [대리권수여의 표시에 의한 표현대리]** 제3자에 대하여 타인에게 대리권을 수여함을 표시한 자는 그 대리권의 범위 내에서 행한 그 타인과 제3자간의 법률행위에 대하여 책임이 있다. 그러나 제3자가 대리권 없음을 알았거나 알 수 있었을 때에는 그러하지 아니하다.	**제126조 [권한을 넘은 표현대리]** 대리인이 그 권한 외의 법률행위를 한 경우에 제3자가 그 권한이 있다고 믿을 만한 **정당한 이유**가 있을 때에는 본인은 그 행위에 대하여 책임이 있다.	**제129조 [대리권소멸 후의 표현대리]** 대리권의 소멸은 선의의 제3자에게 대항하지 못한다. 그러나 제3자가 과실로 인하여 그 사실을 알지 못한 때에는 그러하지 아니하다.
성립 요건	① 대리권수여의 표시 ② 표시된 대리권의 범위 내에서의 대리행위 ③ 표시의 통지를 받은 상대방과의 대리행위 ④ 상대방의 선의·무과실	① 기본대리권의 존재 ② 대리인의 권한 외의 대리행위를 하였을 것 ③ 상대방이 월권행위를 할 권한이 있다고 믿는 데 **정당한 이유**(선의·무과실 : 판례)가 있을 것	① 기존의 대리권의 소멸 ② 대리인이 기존대리권의 범위 내에서 대리행위를 하였을 것 ③ 상대방의 선의·무과실(본인 : 입증책임)
효과	① 표현대리행위의 법률효과는 본인에게 귀속된다. 그렇다고 하여 **유권대리**로 전환되는 것은 아니다(판례). ② 본인은 표현대리행위에 의하여 전적인 책임을 져야 하고, 과실상계에 법리를 유추적용하여 본인의 책임을 경감할 수 없다(판례).		
적용 범위	임의대리 : ○ 법정대리 : ✕	임의대리 : ○ 법정대리 : ○	임의대리 : ○ 법정대리 : ○
참고	※ 사회통념상 대리권을 추단할 수 있는 직함이나 명칭 등 사용승낙 또는 묵인 → 대리권 수여 : ○ ※ 인장 교부 → 대리권 수여 : ○ 인감증명서 교부 → 대리권 수여 : ✕	※ 기본대리권과 권한을 넘은 대리행위가 동종이거나 유사할 필요는 없다. ※ 기본대리권의 적격성 ① 제129조의 표현대리권 : ○ ② 복대리권 : ○(복대리인 선임권이 없는 대리인이 선임한 복대리인의 권한도 포함 : 판례) ③ 공법상의 권리 : ○	대리인이 대리권 소멸 후 복대리인을 선임하여 복대리인으로 하여금 대리행위를 하도록 한 경우에도 ○

■ 무권대리의 추인

의의	무권대리 知 + 효과귀속 의사표시(제130조)
법적 성질	상대방 있는 단독행위 : 형성권
방법	① 주체 : **본인**, 상속인, 법정대리인, 임의대리인(수권필요) ② 상대방 : ⅰ) 무권대리의 상대방 ○ 　　　　　　ⅱ) **무권대리인** ○ → 상대방이 추인 不知 ⇒ **추인 효과** × (제132조) 　　　　　　　　　　　　　　　　　　　└ 상대방(선의) : **철회권 可** 　　　　　　ⅲ) 승계인 ○ ③ 범위 : 전부 추인 　　　　∵ 일부추인・변경추인 ⇒ 상대방의 동의 要 ④ 방법 : ⅰ) 명시적 ○ 　　　　ⅱ) 묵시적 ○　※ 변제, 변제수령, 기한유예요청 ○ 　　　　　　　　　　　　단순 부작위 ×, 장기간 형사고소 ×
효과	① 유동적 무효 → 확정적 유효(**소급효** : 제133조) ② 무권대리행위의 추인 → 제139조 적용 × ③ 제3자의 권리를 해하지 못한다(제133조 단서).

■ 무권대리와 무권리자 처분행위의 비교

	무권대리	무권리자 처분행위
실제 행위자	대리인	무권리자
법적 효과	본인을 위한 것	행위자(무권리자)를 위한 것
대리여부	대리 ○	대리 ×
권리여부	권리자의 처분	무권리자의 처분
계약의 효력	무효	유효
처분행위의 효력	무효	무효
추인 후 처분행위의 효력	소급적 유효(제133조)	소급적 유효(제133조 유추적용)

■ 제한능력자와 무권대리인 법률행위의 상대방보호 비교

		제한능력자의 법률행위	무권대리행위
법률행위의 효력		유동적 **유효**	유동적 **무효**
확답 촉구권 (최고권)	최고권자	선의・악의 불문 모든 상대방 가능	
	최고의 상대방	법정대리인(또는 능력자로 된 본인)	본인
	최고기간	**1월 이상의 기간**	상당한 기간
	확답이 없는 때	① 원칙적으로 추인 간주 ② 특별절차 요하면 취소로 간주	추인거절로 간주
철회권	철회권자	선의의 상대방만 가능	
	철회의 상대방	법정대리인・본인은 물론 제한능력자・무권대리인도 가능	
	행사기간	법정대리인・본인의 추인이 있기 전에만 행사 가능	
	거절권	○	×9)

---

9) 단독행위에는 별도 규정이 있다(제136조).

■ 무권대리인의 책임(제135조)

의의	**제135조【상대방에 대한 무권대리인의 책임】** ① 다른 자의 대리인으로서 계약을 맺은 자가 그 대리권을 증명하지 못하고 **또** 본인의 추인을 받지 못한 경우에는 그는 **상대방의 선택**에 따라 계약을 이행할 책임 **또는** 손해를 배상할 책임이 있다. ② 대리인으로서 계약을 맺은 자에게 대리권이 없다는 사실을 상대방이 알았거나 알 수 있었을 때 **또는** 대리인으로서 계약을 맺은 사람이 제한능력자일 때에는 제1항을 적용하지 아니한다.
법적 성질	1. 대리인이 그 대리권을 증명하지 못할 것 ┐ → ※ 표현대리도 성립 × 2. 본인의 추인을 받지 못할 것 ┘ 3. 상대방은 선의·무과실일 것 4. 무권대리인이 행위능력자일 것
효과	1. **법정무과실책임** : 제3자의 기망 or 문서위조 등 위법행위로 야기된 경우에도 책임 ○ 2. 선택채권 – 선택권자 : **상대방** ○, 무권대리인 × 3. **계약의 이행 or 손해배상책임**

04절 무효와 취소

■ 법률행위의 요건

분류	성립요건	효력요건
일반적 요건	• 당사자 • 목적 • 의사표시	• 권리능력, 의사능력, 행위능력 有 • 확정가능성, 실현가능성, 적법성, 사회적 타당성 有 • 의사와 표시의 일치, 의사표시에 하자가 無
특별 요건	• 요물계약 : 물건의 인도 • 계약 : 의사표시의 합치	• 대리행위에서 대리권의 존재 • 조건부, 기한부 법률행위에서 조건의 성취, 기한의 도래 • 토지거래허가구역 내의 토지거래계약에 관한 관할관청의 허가

■ 무효와 취소의 비교

	무효	취소
효력	처음부터 당연히 효력 없음	취소가 있어야 무효, 취소 전에는 일응 유효
주장권자	**누구든지** 무효 주장 가능	**취소권자에 한하여** 취소 가능
기간	한번 무효는 계속 무효	취소는 단기제척기간이 적용 제척기간 경과 후에는 취소권 소멸 → 확정적 유효
추인	무효에도 추인제도 존재 다만 추인의 원칙적 효력 발생 ×	취소할 수 있는 법률행위가 추인하면 유효한 법률행위로 확정
법정추인	×	○
부당이득	부당이득의 일반원칙 적용	취소하면 부당이득 문제 발생 ※ 제한능력으로 인한 취소의 경우 → 현존이익의 범위 내에서만 반환책임 짐
민법상 규정	① 의사무능력자의 법률행위 ② 원시적 불능인 법률행위 ③ 강행규정위반 법률행위 ④ 반사회질서의 법률행위(제103조) ⑤ 불공정한 법률행위(제104조) ⑥ 비진의표시(제107조) ⑦ 통정허위표시(제108조)	① 제한능력자의 법률행위(제5조 이하) ② 착오에 의한 의사표시(제109조) ③ 사기・강박에 의한 의사표시(제110조)

■ 무효·취소의 효력범위

분류		효력요건 흠결 시	무효·취소의 효력범위	
민법	일반적 요건	• 권리능력, 의사능력, **행위능력** 無(취소)	선악불문 대항 可 → 절대적 무효, 취소	확정적 무효
		• 확정가능성, 실현가능성, 적법성, 사회적 타당성 無		
		• 의사와 표시의 불일치 (**제107조 제1항 단서 무효, 제108조 무효, 제109조 취소**) • 의사표시에 하자가 有(**제110조 취소**)	선의의 제3자에 대항 不可 (선의이면 ok, 무과실 ×) → 상대적 무효, 취소	
	특별 요건	• 대리행위에서 대리권의 부존재 • 조건부, 기한부 법률행위에서 조건의 미성취, 기한의 미도래 • 토지거래허가구역 내의 관할관청의 허가 ×	선악불문 대항 可 → 절대적 무효	유동적 무효

※ 이사의 대표권제한 대항요건으로 등기 필요 : if 등기 ×, 선악불문 제3자에 대항 不可

■ 토지 거래의 법적 효력

	매매계약	허가 요부			법적 효력
일반토지	성립(유효요건 ○)	불요			확정적 유효
허가구역 내 토지	성립(유효요건 ○)	필요	허가 신청 전제 ×		확정적 무효
			허가 신청 전제 ○	신청 ×	유동적 무효
				신청 ○ 불허가	확정적 무효
				신청 ○ 허가	확정적 유효

■ 유동적 무효 법률관계

유동적 무효 의의	법률행위가 행위 시에 효력이 발생하지 않으나 제3자의 추인·관청의 허가를 받게 되면 법률행위 시에 소급해서 유효가 되는 것
토지거래허가구역 내의 법률관계	국토이용관리법상의 규제구역 내의 "토지 등의 거래계약"은 관할관청의 허가를 받아야만 그 효력이 발생하고 **허가를 받기 전**에는 **물권적 효력은 물론 채권적 효력도 발생하지 아니하여 무효**라고 보아야 할 것이나 **허가받을 것을 전제로 한 거래계약일 경우**에는 일단 허가를 받으면 그 계약은 소급하여 유효한 계약이 되고 이와 달리 **불허가가 된 때**에는 무효로 확정되는 것으로서 **허가를 받기까지는 유동적 무효의 상태**에 있다고 보아야 하고 당사자 사이에 있어서는 그 계약이 효력 있는 것으로 완성될 수 있도록 **서로 협력할 의무가 있음**이 당연하므로 계약의 쌍방 당사자는 공동으로 관할 관청의 허가를 신청할 의무가 있으므로 허가받기 전의 매매계약이 **유동적 무효라고 하여 매매계약에 관한 계약금을** 교부한 상태에 있는 계약당사자 일방이 언제든지 계약의 무효를 주장하여 부당이득으로 계약금의 반환을 구할 수 있다고 할 수는 **없을** 것이다(대판 1993.6.22, 91다21435).

토지거래허가를 받기 전의 유동적 무효관계	1. **채권적 효력 + 물권적 효력**
	① 채권적, 물권적 효력 : 무효
	② 이행청구 ×
	③ 채무불이행을 원인으로 한 손해배상청구 ×
	④ 채무불이행을 원인으로 한 해제 ×
	2. **협력의무**
	① 토지거래 허가에 협력할 의무 인정
	② 소제기 ○
	③ 불이행 시 손해배상청구 ○
	④ 불이행에 대비해 미리 손해배상예정 ○
	⑤ 불이행 시 토지거래계약 해제 ×
	3. **토지거래계약에 수반한 계약금계약의 효력**
	① 계약금 계약 유효 → 제565조에 의한 해제 가능
	   ㉠ 일방
	   ㉡ 이행 착수 전
	   ㉢ 포기배액상환
	   ㉣ 해제 의사표시 도달
	② 계약금의 부당이득 청구 : ×
	③ 토지거래허가를 받은 경우 해약금해제 가능 : ○

확정적 무효	① 처음부터 허가를 배제하거나 잠탈하는 내용의 계약일 경우 ② 관할 관청의 불허가처분이 있을 때 ③ 당사자 쌍방이 허가신청협력의무의 이행거절의사를 명백히 표시한 경우
확정적 유효	① 허가를 받은 경우 ② 허가구역 지정이 해제되거나 재지정을 하지 아니한 때

■ 일부무효(제137조) ⇒ 일부취소: 명문 ✕ but 일부무효의 법리 유추적용

조문	제137조【법률행위의 일부무효】 법률행위의 일부분이 무효인 때에는 그 전부를 무효로 한다. 그러나 그 무효부분이 없더라도 법률행위를 하였을 것이라고 인정될 때에는 나머지 부분은 무효가 되지 아니한다.
원칙	전부무효
예외	일부무효 ⇒ 요건 : ① 일체성 ② 가분성 : 특정성 ③ **가정적 의사**

■ 무효행위의 전환(제138조)

조문	제138조【무효행위의 전환】 무효인 법률행위가 다른 법률행위의 요건을 구비하고 당사자가 그 무효를 알았더라면 다른 법률행위를 하는 것을 의욕하였으리라고 인정될 때에는 다른 법률행위로서 효력을 가진다.
요건	가정적 의사 要
적용범위	불공정한 법률행위(제104조) 적용 ○

■ 무효행위의 추인

제139조【무효행위의 추인】
무효인 법률행위는 추인하여도 그 효력이 생기지 아니한다. 그러나 당사자가 그 무효임을 알고 추인한 때에는 새로운 법률행위로 본다.

■ 민법상 추인 비교

	1. 무효행위의 추인	제139조	효과
①	강행법규 위반, 반사회적 법률행위, 불공정한 법률행위 등 무효	적용 ✕	추인하여도 여전히 무효
②	통정허위표시로 무효, 무효의 가등기의 유용, 무효인 명의신탁 등 무효	적용 ○	무효임을 알고 추인한 때에는 새로운 법률로 본다 (소급효 없다).
③	유동적 무효 : ㉠ 무권대리행위 ㉡ 무권리자 처분행위 ㉢ 토지거래허가를 받지 않고 한 토지매매계약 등	적용 ✕	추인이나 허가를 받으면 소급하여 효력 발생
	2. 취소할 수 있는 행위의 추인(취소권의 포기)	제143조 ○	유동적 유효 → 확정적 유효(소급효 ✕)

취소할 수 있는 법률행위(유동적 유효)의 확정

취소할 수 있는 법률행위	취소	추인	법정추인	제척기간
前	유동적 유효			
後	확정적 소급 **무효**	확정적 유효		
근거	의사표시		**객관적 상황**	**기간 경과**
본질	**취소권** 행사	취소권 포기	취소권 배제	취소권 소멸

추인권자·취소권자와 그 상대방의 비교

무권대리	추인권자	본인, 법정대리인, 본인의 상속인 등 포괄승계인(특별승계인은 없음)
	추인의 상대방	무권대리인, 대리행위의 상대방, **상대방의 특별승계인**
취소할 수 있는 행위의 취소	취소권자 (제140조)	**제한능력자**, 착오·사기·강박에 의한 의사표시자, 대리인, 승계인(특별, 포괄)
	취소의 상대방 (제142조)	**직접 상대방만**(특별승계인은 상대방이 되지 않는다)
취소할 수 있는 행위의 추인	추인권자 (제143조 제1항)	**능력을 회복한 자**, **법정대리인**, 후견인, 착오·사기·강박 상태에서 벗어난 자
	추인의 상대방 (제143조 제2항)	**직접 상대방**

취소할 수 있는 법률행위의 법정추인

제145조【법정추인】
취소할 수 있는 법률행위에 관하여 전조의 규정에 의하여 추인할 수 있는 후에 다음 각 호의 사유가 있으면 추인한 것으로 본다. 그러나 이의를 보류한 때에는 그러하지 아니하다.
1. 전부나 일부의 이행
2. **이행의 청구** → **취소권자가 상대방에게 청구**하는 경우만 **포함**된다.
3. 경개
4. **담보의 제공** → **물적 담보나 인적 담보를 불문한다.**
5. 취소할 수 있는 행위로 취득한 권리의 전부나 일부의 양도 → **취소권자가 상대방에게 취득한 권리의 전부나 일부를 양도한 경우만 포함**된다.
6. 강제집행

취소할 수 있는 법률행위의 임의추인과 법정추인 비교

	임의추인	법정추인
취소원인 소멸 후	○	○
취소할 수 있는 법률행위임을 알고(知)	○	× (법정사유가 있으면)
추인의 의사표시	○	× (이의유보 없이)

05절 조건과 기한

■ 조건과 기한의 조문 비교(의사표시에 의한 소급효 가부)

조건	기한
제147조 【조건성취의 효과】 ① 정지조건 있는 법률행위는 조건이 성취한 때로부터 그 **효력**이 생긴다. ② 해제조건 있는 법률행위는 조건이 성취한 때부터 그 **효력을 잃는다**. ③ 당사자가 조건성취의 효력을 그 성취 전에 소급하게 할 의사를 표시한 때에는 그 의사에 의한다. → 의사표시로 소급효 인정	**제152조 【기한도래의 효과】** ① 시기 있는 법률행위는 기한이 도래한 때로부터 그 효력이 생긴다. ② 종기 있는 법률행위는 기한이 도래한 때로부터 그 효력을 잃는다. ※ 의사표시로 소급효 규정 ×
제148조 【조건부권리의 침해금지】 조건 있는 법률행위의 당사자는 조건의 성부가 미정한 동안에 조건의 성취로 인하여 생길 상대방의 이익을 해하지 못한다.	**제154조 【기한부권리와 준용규정】** 제148조와 제149조의 규정은 기한 있는 법률행위에 준용한다.
제149조 【조건부권리의 처분 등】 조건의 성취가 미정한 권리의무는 일반규정에 의하여 처분, 상속, 보존 또는 담보로 할 수 있다.	**제154조 【기한부권리와 준용규정】** 제148조와 제149조의 규정은 기한 있는 법률행위에 준용한다.
제150조 【조건성취, 불성취에 대한 반신의행위】 ① 조건의 성취로 인하여 **불이익**을 받을 당사자가 신의성실에 반하여 조건의 성취를 **방해**한 때에는 상대방은 그 조건이 성취한 것으로 주장할 수 있다. ② 조건의 성취로 인하여 **이익**을 받을 당사자가 신의성실에 반하여 조건을 **성취시킨 때**에는 상대방은 그 조건이 성취하지 아니한 것으로 주장할 수 있다.	**제153조 【기한의 이익과 그 포기】** ① 기한은 **채무자**의 이익을 위한 것으로 **추정**한다. ② 기한의 이익은 이를 포기할 수 있다. 그러나 상대방의 이익을 해하지 못한다.
제151조 【불법조건, 기성조건】 ① 조건이 선량한 풍속 기타 사회질서에 위반한 것(= **불법조건**)인 때에는 그 **법률행위는 무효**로 한다. ② 조건이 법률행위의 당시 이미 성취한 것인 경우에는 그 조건(=**기성조건**)이 정지조건이면 조건 없는 법률행위로 하고 해제조건이면 그 법률행위는 무효로 한다. ③ 조건이 법률행위의 당시에 이미 성취할 수 없는 것인 경우에는 그 조건(=**불능조건**)이 해제조건이면 조건 없는 법률행위로 하고 정지조건이면 그 법률행위는 무효로 한다.	**제388조 【기한의 이익의 상실】** 채무자는 다음 각 호의 경우에는 **기한의 이익을 주장하지 못한다**. → 이때 기한의 이익상실로 기한이 도래하는 것이 아니라 즉시변제청구권이 발생한다. 1. 채무자가 담보를 손상, 감소 또는 멸실하게 한 때 2. 채무자가 담보제공의 의무를 이행하지 아니한 때

■ 기한의 이익

조문	제153조 【기한의 이익과 그 포기】 ① 기한은 **채무자**의 이익을 위한 것으로 **추정**한다.
상실약정 가능	① 정지조건부 상실특약 ⇒ 별도의 **의사표시 없이** 이행기 도래 ② 형성권적 상실특약 ⇒ 별도의 **의사표시 있어야** 이행기 도래
	①, ② 인지 분명 × ➡ 형성권적 상실특약으로 추정

■ 조건·기한의 허용 여부

구분	원칙 – 조건의 불가	예외 – 조건·기한의 허용
단독행위	취소, 해제, 해지, 추인, 상계 등	① 채무면제, 유증과 같이 **상대방에게 이익만을 주거나 상대방의 지위를 불안케 할 염려가 없는 행위**이거나, ② **상대방의 동의가 있는 경우**에는 허용된다.
가족법상 행위	혼인, 인지, 입양, 상속 승인·포기 등	유언, 약혼
어음·수표행위	어음·수표의 발행, 배서 등	어음보증 ★ 어음, 수표는 조건에 친하지 않으나 시기(이행기)를 붙이는 것은 무방하다.

■ 조건

의의	법률행위의 **성립의 전제**로 **효력**의 발생 또는 소멸을 **장래의 불확실한 사실**의 성부에 의존케 하는 **법률행위의 일부로 부가**되는 것(부관)
동기와 구별	표시유무 ┬ ○ : 조건(조건의사와 그 표시가 필요) 　　　　 └ × : 동기
기성조건과 불능조건	1. **기**성조건 : 조건이 법률행위 성립 당시 이미 성취되어 있는 경우 　↳ + **해**제조건(효력소멸조건) : **무효** 　　+ 정지조건(효력발생조건) : 조건 없는 법률행위 2. **불**능조건 : 조건이 법률행위 성립 당시 이미 성취될 수 없는 것으로 확정된 경우 　↳ + 해제조건(효력소멸조건) : 조건 없는 법률행위 　　+ **정**지조건(효력발생조건) : **무효**
조건성취 방해	조건성취 주장 가능 → 효력발생시점 ┬ 추산되는 시점 : ○ 　　　　　　　　　　　　　　　　 └ 방해한 때 : ×
조건부 권리	일반규정에 의하여 처분, 상속, 보존 또는 담보 : ○
효력	원칙 : 조건 성취 시 효력 발생(소급효 ×) 예외 : 당사자의 의사표시로 소급효 인정 ○ VS 기한 : 소급효 ×
입증책임	**정지조건부 법률행위에 해당**한다는 사실 → **법률효과의 발생을 다투려는 자** 정지조건부 법률행위에 있어서 **조건 성취** 사실 → **권리를 취득**하려는 자

Chapter 07 기간

■ 기간의 계산

시, 분, 초	즉시로부터 기산
일, 주, 월 또는 년으로 정한 경우	① 기산점 ┬ 원칙 : 초일불산입 　　　　　└ 예외 : ⅰ) 오전 0시로부터 시작하는 때 　　　　　　　　　ⅱ) 연령계산 ② 만료일 ┬ 원칙 : 기간 말일의 종료로 만료 　　　　　└ 예외 : **말일이 토요일 또는 공휴일에 해당한 때**에는 그 **익일로 만료** ③ 주, 월 또는 년 : 역(歷)에 의한 계산 　　┬ 처음으로부터 기간을 기산하지 아니하는 때 : 　　│　⇒ 최후의 주, 월 또는 년에서 그 기산일에 해당한 날의 **전일**로 만료 　　└ 월 또는 년에 최종의 월에 해당일이 없는 때 : 그 월의 **말일**로 만료

Chapter 08 소멸시효

■ 소멸시효와 제척기간의 비교

	소멸시효	제척기간
제도취지	사회질서의 안정, 입증곤란의 구제, 권리행사 태만에 대한 제재	법률관계의 조속한 확정
구별기준	'시효로 인하여'라는 표현 ○	'시효로 인하여'라는 표현 ×
기산점	권리를 행사할 수 있는 때	권리가 발생한 때
소멸시기	시효완성으로 권리 **소급**적 소멸	제척기간 경과로 **장래**를 향하여 소멸
소송상 취급	**항변**사항	**직권**조사사항
주장의 요부	○	×
중단·정지	○	×
포기제도	시효완성 후 포기 가능	불가
단축·경감	가능	불가
배제·연장	불가	

■ 소멸시효의 대상인 권리

소멸시효에 걸리는 권리	채권	채권적 청구권(부당이득반환청구권, 손해배상청구권 등) 포함 단, '등기청구권'은 예외가 존재한다(판례).
	소유권 외의 재산권	[1] 용익물권(지상권, 지역권) – 시효대상 ○ [2] 공법상 권리(국세징수권 등) – 시효대상 ○
소멸시효에 걸리지 않는 권리		[1] 소유권, 점유권, 유치권 [2] 물권적 청구권 [3] 담보물권 : 부종성에 의해 피담보채권과 분리되어 소멸시효에 걸리지 않는다. [4] 상린권, 공유물분할청구권 [5] 형성권은 소멸시효대상이 아니고, 언제나 제척기간의 대상이다(판례). [6] 항변권 : 대방이 청구권을 행사하지 않으면 구체적으로 발생하지 않는 권리 [7] 비재산권(신분권, 인격권 등)

■ 소멸시효의 기간 (변론주의 적용 × ⇒ 직권조사사항)

소멸시효의 기간	권리
20년(제162조 제2항)	지상권·지역권
10년(제162조 제1항)	민사채권 ⇔ 상사채권 5년
3년(제163조)	1. 1년 이내의 기간으로 정한 채권 ⇒ 1년 이내 **정기로** 지급 3. 도급 받은 자의 공사에 관한 채권 ⇒ 공사채권 + 부수 채권(제666조의 저당권설정청구권) 4. 5. 변호사, 변리사, 공증인, 공인회계사 및 법무사 ⇒ 유사 직무인 **세무사 유추적용** ×(判)
1년(제164조)	1. 음식료 3. 노역인, 연예인의 임금채권 ⇒ 반대채권 1년 ×
3년 or 1년 ➡ 10년 (제165조)	① 단기소멸시효(3년 or 1년) - 대상 要 ② 확정판결 - 동일시 ○ ⇒ 지급명령 ○

■ 법률행위로 인한 등기청구권의 소멸시효

	법적 성질	점유 계속 중	점유상실	
			적극적 권리행사	제3자의 침탈
매매에 기한 소유권이전등기청구권	채권 10년 소멸시효	소멸시효 진행 ×	진행 ×	진행 ○
점유시효취득에 기한 소유권이전등기청구권	채권 10년 소멸시효	소멸시효 진행 ×	진행 ○	진행 ○

■ 소멸시효의 기산점 (권리행사 가능 시 ⇒ 법률상 장애 無)

	소멸시효의 기산점
확정기한부 권리(채무)	기한 도래
불확정기한부 권리(채무)	객관적으로 기한이 도래한 때
기한 없는 권리(채무)	채권 성립 시(권리발생 시)
채무불이행에 의한 손해배상청구권	① 이행지체의 경우 채무불이행 시 ② 이행불능의 경우 이행불능 시
불법행위에 의한 손해배상청구권	① 3년 - 손해 및 가해자를 안 날 ② 10년 - 불법행위를 한 날
정지조건부, 시기부 권리	조건, 기한 도래 시
동시이행항변권 붙은 채권	이행기 도래 시
부작위채권	위반행위 시(제166조 제2항)
선택채권	선택가능 시

■ 소멸시효 중단

사유	요건	효과
청구	1. 재판상 청구 　① **민사소송** : 확인의소, 반소 등 모두 포함 　　↳ 형사소송 ×, 행정소송 × 　② 원칙 : 적극적 청구 ○ 　　예외 : **소극적 청구(응소)** ┬ ⅰ) 채무자의 소제기 　　　　　　　　　　　　　　↳ **물상보증인 ×** 　　　　　　　　　　　　├ ⅱ) 자신의 권리 : 적극적 주장 　　　　　　　　　　　　└ ⅲ) 법원 : 인정(권리자 승소) 　③ 일부청구 　　├ 명시 ○ : 일부만 시효중단 　　└ 명시 × : 전부 구하는 취지로 해석 → 동일성 범위 内 전부 시효중단 　④ 재판상 청구 → 소각하, 청구기각, 소취하 ┬ 중단효력 × 　　　　　　　　　　　　　　　　　　　　　└ but **최고** ○(제170조 2항) 2. 지급명령 ┬ 청구 포함 ○ 　　　　　└ 중단시기 : 지급명령 신청 시 3. 파산절차 참가 - 청구 포함 ○ 4. 화해를 위한 소환, 임의출석 - 청구 포함 ○ 5. **최고**(= 이행청구, 제174조) 　① 청구 포함 × → 중단 효력 × 　② but ┬ ⅰ) 6개월 내 　　　　├ ⅱ) 재판상 **청구**, 파산절차 참가, 화해를 위한 소환, 임의출석, 　　　　│　　**압류** 또는 **가압류**, **가처분** 중 하나 ○ + **승인**(判: 유추적용) 　　　　└ ⅲ) 최고 시 중단효력 ○	1. 종료 : 　↳ 새로이 진행 　ⅰ) 재판상 청구 　　↳ 판결확정 시 　ⅱ) 압류 　　↳ 집행종료 시 　ⅲ) 승인 　　↳ 승인 시 2. **인적 범위** 　ⅰ) **원칙** : **당사자 & 승계인** 　ⅱ) 예외 : 　　주채무자에 대한 청구 → 보증인에도 중단 효력 　　(제440조)
압류 또는 가압류, 가처분	1. 상대방 　ⅰ) 채무자(시효이익 받을 자)에게 한 경우 : 채무자에게 중단 효력 ○ 　ⅱ) 채무자 외(물상보증인)에게 한 경우 : for **채무자에게** 중단 효력 　　　　　　　　　　　　　　　　　　　　↳ 채무자에게 통지하여야 함 2. 가압류등기 말소 : 중단사유 종료 → 그때부터 새로이 소멸시효 진행 3. 재판상 청구와 관계 　재판상 청구로 시효중단 효력 → 가압류 시효중단 효력 흡수 × : 계속 ○	
승인	1. 성질 ┬ 의사표시가 아닌 **준법률행위** : 관념의 통지 　　　└ **처분능력, 처분권한 ×** 2. 방법 ┬ 상대방 : **채권자** ○ 　　　│　　↳ 피의자 신문조서 작성 : 검사 상대로 승인 × 　　　└ 묵시적 ○(일부변제, 기한유예의 요청) 3. 시기 - 소멸시효 개시 후 완성 전까지 　　　　↳ 사전승인 ×, ↳ 완성 후 × 　　　　장래채권 ×	

■ 소멸시효 ⇒ 변론주의 적용 여부

1. 소멸시효 완성의 항변 : 변론주의 적용 ○ → 채무자의 주장 필요
① 소멸시효의 기산점 : 변론주의 적용 ○ ∴ 당사자 의사에 구속 vs **취득시효 기산점** : 변론주의 적용 ×
② 소멸시효의 기간 : 　변론주의 적용 × ∴ 법률사항, 법원이 직권판단
2. 소멸시효 중단의 재항변 : 변론주의 적용 ○ → 권리자의 주장 필요

■ 소멸시효완성의 효과

권리소멸	기산일로 소급효
주장 요부	변론주의 적용(주장 필요) ※ 소멸시효 ┬ 기산점 : 변론주의 대상 ○ 　　　　　　└ 기간 : 변론주의 대상 ×, 직권 판단
주장자	직접 이익 받는 자 ┬ 물상보증인, 담보물권의 제3취득자 ○ (원용권자)　　　└ 채무자의 일반채권자 ×
완성 후 변제	알고 변제한 것으로 추정 → 제742조, 제744조에 의해 유효한 변제가 됨
시효이익 포기	완성 후 포기 가능

■ 시효이익의 포기

성질	처분행위 → 효과의사 ○ ┬ 처분능력, 처분권한 ○ 　　　　　　　　　　└ 시효완성사실을 알고서 하여야 함 → 알고 포기한 것으로 추정(判)
방법	1. 당사자 : 당사자 or 대리인에 한정 → 상대방 : 진정한 채권자 2. 묵시적 : ① 일부변제 ┬ 액수에 다툼이 없는 한 채무 전체 승인 　　　　　　　　　　└ 가분채무에 일부 포기 가능 　　　　　　② 기한유예의 요청
사전 포기 금지	사후 포기 가능
효과	상대적 효력 : 주채무자의 시효이익 포기 → 보증인 ×, 물상보증인 ×, 제3취득자 ×

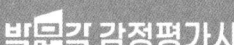

PART 02

물권법

Chapter 01 총칙

■ 물권법의 체계

물권 체계	점유권	사실상의 지배상태에 대해 일정한 **법적효과를 부여**				
	본권 **법률상** 지배 (지배의 정당화근거)	소유권 (완전 물권)	사용·수익권능	제한물권 (타물권)	용익물권 (사용가치)	지상권
						지역권
						전세권
			처분권능		담보물권 (교환가치)	유치권
						질권
						저당권

■ 물권의 종류 - 물권법정주의

제185조 【물권의 종류】
물권은 **법률** 또는 **관습법**에 의하는 외에는 임의로 창설하지 못한다.
→ 제185조의 법률이란 국회가 제정하는 **형식적 의미의 법률**만을 의미
→ 제185조의 관습법이란 ① 관습법상 법정지상권, ② 분묘기지권, ③ 동산의 양도담보

■ 제1조 법원과 제185조 물권법정주의 비교

		제1조 【법원】	제185조 【물권의 종류】
조문		**민사**에 관하여 **법률**에 규정이 없으면 **관습법**에 의하고 관습법이 없으면 **조리**에 의한다.	물권은 **법률** 또는 **관습법**에 의하는 외에는 임의로 창설하지 못한다.
조문의 의미		① **민법**의 법원(실질적 의미의 민법) ② 법원의 적용순서(법률 → 관습법 → 조리)	① **물권**의 법원 ② **물권법정주의**
법률의 의미		① 모든 **성문법**(제정법)을 의미 ② 따라서 명령, 규칙, 조약, 조례도 포함 ➡ 형식적 의미의 법률에 한정 ×	① **형식적 의미**의 **법률**만을 의미 ② 국회에서 제정된 규범 ➡ 명령, 규칙, 조약, 조례도 포함 ×
관습법	의미	사회생활에서 자연적으로 발생하고 반복적으로 행하여진 **관행**이 사회구성원의 법적 확신에 의한 지지를 받아 **법적 규범화된** 것	
	범위	① 관습법상 법정지상권 ② 분묘기지권 ③ 동산의 양도담보 ④ 명인방법 ⑤ 명의신탁	① **관습법상 법정지상권** ② **분묘기지권** ③ **동산의 양도담보**
조리	의미	사물의 본성·도리, 사람의 이성에 기초한 규범(경험칙, 사회통념, 신의성실 등)	
	법원성 유무	제1조 문언상 **법원성** ○	법원성 ×

■ 부동산 물권 변동

제186조	법률행위 + 등기(본등기 ○, 가등기 ×) 필요
제187조	① 상속 : 피상속인 사망 시 등기 없이 상속인에게 소유권이전 ② 공용징수 : ┬ 재결수용 ○ → 수용 개시일에 등기 없이 소유권을 취득 　　　　　　 └ 협의수용 × → 등기 이전 필요 ③ 판결 ┬ **형성판결** ○ → **판결확정 시** 등기 없이 소유권 이전 : 공유물분할판결(협의분할은 포함 ×) 　　　 └ 이행·확인판결 × → 등기 이전 필요 ④ 경매 : **경락대금을 완납한 때** 경락인 등기 없이 소유권을 취득 ⑤ 기타 → ⅰ) 신축건물의 소유권 취득 　　　　　 ⅱ) 법정지상권의 취득(제305조, 제366조), 법정저당권의 취득(제649조) 　　　　　 ⅲ) 관습법상 법정지상권의 취득, 분묘기지권의 취득 　　　　　 ⅳ) 용익물권의 존속기간 만료에 의한 소멸 　　　　　 ⅴ) 목적물의 멸실에 의한 물권의 소멸(포락, 사건에 의한 물권소멸) 　　　　　 ⅵ) **피담보채권의 소멸에 의한 저당권의 소멸(제369조)** 　　　　　 ⅶ) 혼동에 의한 물권의 소멸(제191조) 등
제186조와 제187조의 적용문제	1. 원인행위가 무효·취소·해제로 실효된 경우의 물권의 복귀 　물권행위와 채권행위의 관계에 대해 유인성설 ⇒ 제187조 적용(판례) 2. 재단법인의 설립에 있어서 출연재산의 귀속시기(제48조) 　　　　　┬ 재단법인에 출연행위 → 상대방 **없는** 단독행위 ○ 　※ 판례 ┼ 대내관계(출연자&법인) : 제187조와 제48조에 따라 　　　　　│　　　　　　　　　　　　생전처분의 경우 **법인이 성립된 때** 법인의 소유 　　　　　└ 대외관계(제3자&법인) : 제186조에 따라 소유권이전등기 하여야 이전 3. 점유취득시효의 완성에 따른 소유권 취득 　점유취득시효는 법률규정에 의한 물권변동(제187조) 　but 민법 제245조 제1항에서 등기 필요 ⇒ 제187조에 대한 예외 4. **공유자가 그 지분을 포기(제267조)** 　공유지분의 포기 → 상대방 **있는** 단독행위 ○ ⇒ 제186조 적용(등기 필요)

■ 취득시효

구분		점유	시효기간	등기	소유권취득
취득시효	부동산 취득시효	점유(일반)	자주·평온·공연	20년	필요	제187조의 예외
		등기부(단기)	자주·평온·공연·**선의·무과실**	10년	×	※ 취득시효 **공통 효과** 시효 완성 시 점유개시한 때에 **소급하여 원시취득**
	동산 취득시효	일반	자주·평온·공연	10년	×	
		선의(단기)	자주·평온·공연·**선의·무과실**	5년	×	

■ 건물신축의 소유권 귀속

도급 계약 ×	자기비용·노력 → 신축한 자 소유
도급 계약 ○	1. 도급인 : 자기비용·노력 → 도급인 소유 2. 수급인 : 자기비용·노력 ┬ 원칙 : 수급인 소유 　　　　　　　　　　　　　└ 예외 : 도급인 소유권 귀속의 합의 ○ → 도급인 소유

■ 등기

등기의 성질	부동산물권변동의 효력발생요건 ○ ⇒ 효력**존속요건** ×(∵ 불법말소 → 물권소멸 ×)

유효 요건	**형식 요건**	① 등기 존재 : 본등기 ○ ⇒ 가등기 ×
		② 등기 절차 : 공동신청 ⇒ 협력거절 ☞ **등기청구권**(채권적 청구권)
		③ 1부동산 1등기(기록)주의 위반 × ☞ **이중보존등기(중복등기)**
		※ 진정등기 명의회복을 위한 소유권이전등기청구권
		┌ 법적 근거 : 제214조에 기한 말소등기청구권(∵ 소송목적, 법적근거, 성질 동일)
		│ ⇒ 말소등기청구 패소확정 후 : 진등명 소유권이전등기청구권 ×
		└ 요건 : 1. 소유권자 : 등기에 소유권자 표시된 자(제186조)
		              or 법률규정에 의해 소유권 취득(제187조)
		          2. 상대방 : 등기 경료 & 원인무효등기

	실질 요건	등기와 일치 ⇒ 불일치 ┬ 원칙 : 무효
		                └ 예외 : **실체관계 부합 등기** : 유효
		                          ↳ 중간생략등기, 무효등기의 유용

효과	1. 권리변동적 효력 : 등기부에 기재된 때 발생 2. 순위확정적 효력 : 원칙적으로 등기 선후에 의함 3. **등기추정력**

■ 청구권 보전의 가등기

구별	담보 목적 가등기와 구별기준 → 등기 기재 × ➡ 목적 ○(실질적 의사 해석)
대상	① 조건부 권리 : ○ ② **채권적** 청구권 ○, 물권적 청구권 ×
본등기	전	1. 실체법상 효력 : × ➡ 실체법상 법률관계 : 추정 × → 말소등기청구 × 2. 가등기의 부기등기 : ○
	후	1. 본등기 경료 : 가등기 당시 소유자 ➡ 가등기의무자 2. 순위보전 : 소급 ➡ 중간처분실효 3. 물권변동효력 : 소급 × ➡ 본등기 시 발생

■ 중간생략등기

중간생략 등기 유효성	① 부동산등기특별조치법(형사처벌규정) : 단속규정 → 사법상 효력에 영향 × ② 3자간 합의 ┬ ○ : 유효 └ × : 실체관계 부합 등기 : 유효
중간생략 등기청구권의 유효성	① 3자간 합의 ┬ ○ : 직접 청구 ○(대위청구도 가능) └ × : 직접 청구 ×(대위청구만 가능) ② 각 단계마다 적법·유효 전제
토지거래허가구역 중간생략등기	**3자 간의 합의 있어도 무효** ➡ 실체관계 부합 유효 × ※ 3자 간의 합의(최초 매도인과 최종매수인 간의 **매매계약 체결 의미** ×) ➡ 최초 매도인과 최종매수인 간의 토지거래허가 ➡ 실체관계 부합 유효 ×

■ 이중보존등기(중복등기)

표제부	실체관계 부합 여부로 판단
사항란	중복등기 ┬ 동일인 명의 ○ : 무조건 선등기 유효 → 후등기 무효 └ 동일인 명의 × : 원인무효가 아니한 선등기 유효 → 후등기 무효
적용범위	중복등기로 **무효**된 등기 ⇒ **등기부 취득시효 인정** ×

■ 무효등기의 유용

성립요건	① 무효인 등기 존재 ② 유용의 합의 ③ 합의 전 등기부상의 이해관계인 있는 제3자 ×
효과	소급 ×
적용범위	① **표제부의 유용** : × ➡ 멸실건물의 보존등기를 멸실 후 신축건물의 보존등기로 유용 × ② 가등기의 유용 : ○

■ (토지, 건물) 미등기매수인의 법적 지위

1. 소유권 취득 ×
2. 소유권에 준하는 관습법상 물권 ×
3. 점유자로서 보호 ○
4. 매도인의 목적물반환청구권에 대한 매수인의 항변 ○ → 제213조 단서의 점유할 정당한 권원 ○
5. 미등기매수인의 등기청구권의 소멸시효
 ① 채권적 청구권 → 10년의 소멸시효 대상
 ② 점유 계속 중 : 소멸시효 진행 ×
 ③ 점유 상실 ┬ 적극적 점유이전 : 소멸시효 진행 ×
      └ 제3자 침해로 인한 점유이전 : 소멸시효 진행 ○

※ **건물 미등기매수인** :
 1. **건물의 소유권 취득** ×
 2. **건물 부지에 대한 점유권 인정 여부**
  ① 원칙 : 건물소유자인 건물등기명의인에게 인정
  ② 예외 : 미등기건물을 양수 → 건물에 관한 **사실상의 처분권을 보유** →
   양수인이 건물 부지 역시 아울러 점유(특별한 사정이 있는 경우) ⇒ **건물 부지 점유 인정**
                            ↳ 부지 점유·사용 시 부당이득 ○
 3. 건물에 관한 **사실상의 처분권을 보유** → 철거청구권의 상대방 ○

■ 법률행위로 인한 등기청구권의 소멸시효

	법적 성질	점유 계속 중	점유상실	
			적극적 권리행사	제3자의 침탈
매매에 기한 소유권이전등기청권	채권 10년 소멸시효	소멸시효 진행 ×	진행 ×	진행 ○
점유시효취득에 기한 소유권이전등기청권	채권 10년 소멸시효	소멸시효 진행 ×	진행 ○	진행 ○

■ 등기의 효력(추정력)

등기의 추정력	규정 無 vs 점유의 추정력(제200조)
성질	법률상 추정(판례)
범위	┌ 인적 범위 : 소유권**이전**등기 ⇒ **종전소유자** : **추정력** ○ │　　　　　　vs 보존등기 ⇒ 종전소유자 : 추정력 × └ 물적 범위 : 1. 원인행위　2. 등기절차 적법　3. 현재 권리상태 **관/련/판/례** ① 등기원인과 과정이나 태양이 **다소 다르게** 주장 & 그것이 인정되지 × : **추정** ○ ② 절차상 대리권 필요 시 : 유권대리 **추정** ○ ③ 불법말소된 등기 → 말소된 등기의 등기명의인은 적법한 권리자로 **추정** ○ ④ 저당권등기 → 피담보채무 존재 : **추정** ○ ⑤ **가등기** → 실체법상 권리관계 : **추정** × ⑥ 보존등기 → 원시취득자 별도 존재(사정명의인 따로 존재) 증명 : **추정** × ⑦ 사망자·허무인 → 등기신청 : **추정** × ⑧ 매매계약서 → 허위증명 : **추정** ×
효과	추정되는 사실의 반대사실 → 상대방에게 증명책임 전환

■ 혼동

조문		**제191조【혼동으로 인한 물권의 소멸】** ① 동일한 물건에 대한 **소유권**과 **다른 물권**이 동일한 사람에게 귀속한 때에는 **다른 물권은 소멸**한다. 그러나 그 물권이 제3자의 권리의 목적이 될 때에는 소멸하지 아니한다. ② 전항의 규정은 소유권 이외의 물권과 그를 목적으로 하는 다른 권리가 동일한 사람에게 귀속한 경우에 준용한다. ③ **점유권**에 관하여는 전2항의 규정을 **적용하지 아니한다.**
의의		① 물권(물권 상호 간)의 혼동 : 소유권과 제한물권의 관계 → 예 지상권자가 소유권 취득 ② 제한물권과 그 제한물권을 목적으로 하는 다른 제한물권의 관계 → 예 지상권 위 저당권을 가진 자가 지상권 취득 ③ 점유권 제외(제191조 제3항)
요건		① 양립될 수 없는 물권 : 점유권 제외(제191조 제3항) ② 동일인에게 귀속
효과	원칙	혼동으로 제한물권 절대적 소멸 ○ : 단, 원인행위가 무효 ➡ 부활
	예외	혼동으로 제한물권 소멸 × 1. 제3자의 권리목적 2. 본인의 이익을 위한 경우

Chapter 02 점유권

■ 점유의 관념화

상속	점유승계 ○ - 知·不知 불문 새로운 권원 × : 점유분리 ×

간접점유	점유매개관계 ⇒ 사실상 지배 × but 점유자 ○ → 점유보호청구 ○ : 자력구제 ×
	               침탈 : 직접점유자 기준○ (간접점유자 ×)
	               반환 : ① 직접점유자에게
	                  ② if not ① 간접점유자에게

점유보조자	점유보조관계 ⇒ 사실상 지배 ○ but 점유자 × → 점유보호청구 × : 자력구제 ○

■ 자주점유 vs 타주점유

의의	자주점유 : 소유자와 같은 배타적 지배의사로 하는 점유/ 소유권이 있다고 믿고서 하는 점유 ×
기준시기	점유개시 시
구별기준	권원 성질 : **예** 임차인, 지상권, 전세권, 명의수탁자 → 타주점유 점유와 관계된 모든 사정에 의해 외형적·객관적으로 결정
추정	권원이 분명하지 않을 때 자주점유로 추정(제197조)

관련판례	1. 악의의 무단점유 : 타주점유
	2. 오상권원 : 상당히 초과 → 타주점유
	3. **점유자** ─ 소유권이전등기청구 등 → 소유자 → 타주점유 ×
	    └ 패소판결
	4. **소유자** ─ 소유권말소등기청구 등 → 점유자(등기) ┬ ① **악의점유** : **소제기** 시
	             └ 패소판결 └ ② **타주점유** : **패소판결** 확정 시
	5. 매도인 ─ 매매계약 → 매수인
	  └ 타주점유 └ 자주점유
	6. 등기를 수반하지 않은 점유라는 사정만으로 → 타주점유 ×
	7. 취득시효 완성 후 매수를 제의한 사실만으로 → 타주점유 ×
	8. 공유자 1인의 점유 : 타인 공유지분 범위 내에서 → 타주점유 ○

전환	타주점유 ─ 전환 → 자주점유 : ① 새로운 권원(상속 ×) ② 소유의 의사표시

■ 점유자와 회복자 관계[1]

	점유자의 과실[2]취득	점유자의 멸실·훼손의 책임	점유자의 비용상환청구권
효과	① 선의의 점유자 선의(본권이 있다고 오신) + 오신할 만한 정당한 근거가 有 → 과실수취권 인정[3] ② **본권에 관한 소에서 패소**한 때 **소가 제기된 때**부터 악의로 **간주**(제197조 제2항) ③ 악의의 점유자의 구체적 반환범위 제201조 제2항 × 제748조 제2항 적용(받은 이익 + 이자 + 지연손해금) ④ 악의 점유자 = 폭력·은비의 점유자	① 원칙 : **전부** 배상 ② 예외 : **선의 & 자주** = 현존이익 배상	① 선의·악의 및 자주·타주 불문 : 비용상환청구 가능 ② 계약관계가 존재한 경우 : 제203조는 적용 × ③ 필요비 : 과실을 취득한 경우 (선의)에 **통상**의 필요비는 청구× ④ 유익비 i) 가액의 증가가 현존 ii) 회복자의 선택채권 iii) **상환기간 허여 가능** ⑤ 필요비·유익비에 유치권 인정[4] ⑥ 필요비·유익비의 상환청구시기 : **반환**하거나 **반환청구 받은 때**

---

[1] 소유자와 반환의무를 부담하는 점유자(불법점유자나 무단점유자 등)와의 법률관계 규율
[2] 여기서의 과실은 **사용이익을 포함**(판례)
[3] 과실을 취득할 수 있는 범위 내에서 **부당이득은 성립하지 않는다.**
[4] 비용상환청구권은 '물건에 관하여 생긴 채권'이므로

점유자와 회복자 관계[5]

	점유자의 과실취득	점유자의 멸실·훼손에 대한 책임	점유자의 비용상환청구권
조문	제201조 【점유자와 과실】 ① 선의의 점유자는 점유물의 과실[6]을 취득한다. ② 악의의 점유자는 수취한 과실(果實)을 반환하여야 하며 소비하였거나 과실(過失)로 인하여 훼손 또는 수취하지 못한 경우에는 그 과실의 대가를 보상하여야 한다. ③ 전항의 규정은 폭력 또는 은비에 의한 점유자에 준용한다.	제202조 【점유자의 회복자에 대한 책임】 점유물이 점유자의 책임 있는 사유로 인하여 멸실 또는 훼손된 때에는 악의의 점유자는 그 손해의 전부를 배상하여야 하며 선의의 점유자는 이익이 현존하는 한도에서 배상하여야 한다. 소유의 의사가 없는 점유자는 선의인 경우에도 손해의 전부를 배상하여야 한다.	제203조 【점유자의 상환청구권】 ① 점유자가 점유물을 반환할 때에는 회복자에 대하여 점유물을 보존하기 위하여 지출한 금액 기타 필요비의 상환을 청구할 수 있다. 그러나 점유자가 과실을 취득한 경우에는 통상의 필요비는 청구하지 못한다. ② 점유자가 점유물을 개량하기 위하여 지출한 금액 기타 유익비에 관하여는 그 가액의 증가가 현존한 경우에 한하여 회복자의 선택에 좇아 그 지출금액이나 증가액의 상환을 청구할 수 있다. ③ 전항의 경우에 법원은 회복자의 청구에 의하여 상당한 상환기간을 허여할 수 있다.

효과	① 선의(본권이 있다고 오신) + 오신할 만한 정당한 근거가 有 → 과실수취권 인정[7]
	② 본권에 관한 소에서 패소한 때
	소가 제기된 때부터 악의로 간주(제197조 제2항)
	③ 악의의 점유자의 구체적 반환범위 제201조 제2항 ×
	제748조 제2항 적용(받은 이익 + 이자 + 지연손해금)
	④ 악의 점유자 = 폭력·은비의 점유자
		① 원칙 : 전부 배상
		② 예외 : 선의 & 자주 = 현존이익 배상
			① 선의·악의 및 자주점유·타주점유를 불문 : 상환청구 가능
			② 계약관계가 존재한 경우 제203조는 적용되지 X
			③ 필요비 : 과실을 취득한 경우(선의)에 통상의 필요비는 청구 X
			④ 유익비 i) 가액의 증가가 선택채권
			    ii) 회복자의 선택채권
			    iii) 상당기간 허여 가능
			⑤ 필요비·유익비에 기한 유치권 인정[8]
			⑥ 필요비·유익비의 상환청구시기 : 반환하거나 반환청구받은 때

[5] 소유자와 반환의무를 부담하는 점유자(불법점유자나 무단점유자 등)와의 법률관계 규율
[6] 여기서의 과실은 사용이익을 포함(판례)
[7] 과실을 취득할 수 있는 범위 내에서 부당이득은 성립하지 않는다.
[8] 비용상환청구권은 물건에 관하여 생긴 채권이므로

Chapter 03 소유권

01절 소유권의 한계

■ 물권적 청구권 비교

	점유권에 기한 물권적 청구권	소유권에 기한 물권적 청구권[1]
내용	① 점유물반환청구권 ② 점유물방해제거청구권 ③ 점유물방해예방청구권	① 소유물반환청구권[2] ② 소유물방해제거청구권 ③ 소유물방해예방청구권
청구권자	침탈당한 자(사기 ×, 유실 ×)	소유자(양도인 × → 양수인 ○)
상대방	① 침탈자 ② 포괄승계인 ③ 악의의 특별승계인	• 반환 : 현재 점유하는 자 • 방해제거 : 처분권한 있는 자
행사기간	1년 = 제척기간 → 출소기간	소멸시효 ×
고의·과실	×	×

■ 구분소유의 근거규정(민법)

제215조 【건물의 구분소유】
① 수인이 한 채의 건물을 구분하여 각각 그 일부분을 소유한 때에는 건물과 그 부속물 중 **공용하는 부분**은 그의 공유로 추정한다.
② **공용부분의 보존에 관한 비용** 기타의 부담은 **각자의 소유부분의 가액에 비례**하여 분담한다.

제268조 【공유물의 분할청구】
① 공유자는 공유물의 분할을 청구할 수 있다. 그러나 5년 내의 기간으로 분할하지 아니할 것을 약정할 수 있다.
② 전항의 계약을 갱신한 때에는 그 기간은 갱신한 날로부터 5년을 넘지 못한다.
③ 전2항의 규정은 **제215조, 제239조의 공유물에는 적용하지 아니한다.**

---

[1] 준용규정 有 : 지상권, 전세권, 지역권, 저당권
　　준용규정 無 : 유치권 ; 물권적 청구권 인정 ×
　　　　　　　　 질권 ; 통설은 입법의 불비로 보아 인정
[2] 지역권과 저당권은 반환청구권 인정 안 됨. 점유하지 않기 때문

■ 상린관계와 지역권 비교

	상린관계	지역권
인접성	인접 부동산소유권 상호간의 이용조절	승역지와 요역지간의 **인접 不要**
발생원인	법률의 규정의 의해 당연 인정 등기불요	계약으로 인정 등기필요
소멸시효	무관	20년의 소멸시효
적용범위	부동산(토지, 건물)의 이용관계 조절	토지의 이용관계 조절
기능	소유권의 최소한의 확정과 제한	소유권의 탄력적 이용 조절 가능

■ 주위토지통행권

성질	법정요건 구비 시 당연 성립 : 공로 無 or 과다한 비용 要
적용범위	지상권, 전세권, 임차인 : ○ ⇒ 명의신탁자 ×(判)

내용	1. 토지소유자 : 소극적 의무 ○ / 적극적 의무 ×
	2. 통행권자 : 소유자의 점유배제 ×
	    ├ 통행권자의 배타적 점유 → 소유권 기한 인도청구 ○
	    └ 돌계단, 장애물 **철거 可**
	3. 장래 이용상황 대비 × : 기존통로 존재 & 편리하다는 이유로 다른 장소 통로 ×
	4. 기존 통로가 충분한 기능 × → 통행권 ○

소멸	법정요건 소멸 시 당연 소멸 ⇒ 통로 : 이용 필요성 × → 소멸

기능	1. 원칙 : 보상의무
	2. 예외 : 무보상 ┬ ① 분할, 일부양도 ┬ 인적 범위 : 분할·양도 당사자 상호 간 ○ / 특별승계인 ×
	                                                    └ 물적 범위 : 해당 토지
	                      └ ② 통행권자 허락에 의한 통행

시점	사실심 변론종결 시 기준으로 확정

■ 경계표·담 설치권과 공유추정

비용부담(제237조, 제238조)		공유추정(제239조)
① 측량비용 : 토지의 면적비례 부담 ② 설치비용 ┬ 통상 담 : 절반씩 부담 └ 특수 담 : 특수시설 설치자 부담(단독 부담)	일단 입증	⇒ 공유 추정 ⇒ 단독 소유

02절 소유권의 취득

■ 취득시효

구분		점유	시효기간	등기	소유권취득
취득시효	부동산 취득시효	점유(일반)	자주·평온·공연	20년	필요	제187조의 예외
		등기부(단기)	자주·평온·공연·선의·무과실	10년	×	※ 취득시효 공통 효과 시효 완성 시 점유개시한 때에 소급하여 원시취득
	동산 취득시효	일반	자주·평온·공연	10년	×	
		선의(단기)	자주·평온·공연·선의·무과실	5년	×	

■ 부동산점유취득시효(제245조 제1항)

법적 성질	법률규정에 의한 소유권취득 ○ ⇒ but 등기 필요 (∵ 제187조의 예외)
성립 요건	1. 대상적격(객체) 　① 공유지분 : ○ 　② 집합건물 : 공유부분 × ☞ 공유로 추정되더라도 **공용**해야 하므로 　③ 국유재산 : 행정재산 ×, **일반재산(잡종재산)** ○ 　④ 자기소유재산 ┬ 원칙 : ○ 　　　　　　　　└ 예외 : × ☞ 적법·유효 등기 → 점유취득시효의 기초되는 점유 × 2. 자주·평온·공연한 점유 ☞ 제197조 : **추정(입증책임 전환)** 　∴ 상대방이 이를 부정하기 위해서는 반대사실인 타주·강폭·은비의 점유 증명해야 함 3. 20년간 점유계속 　┬ 기산점 : ※ 간접사실 → 변론주의 ×, 당사자 의사 구속 × 　│　　　　　 (vs 소멸시효 : 기산점- 변론주의 ○) 　│　☞ 점유기간 동안 : 소유자 변동 ┬ ○ - 고정 시 : 점유개시 시 　│　　　　　　　　　　　　　　　　　└ × - 역산 可 : 임의시점 　├ 점유계속 : 증명곤란 ☞ 구제 : 제198조 : **추정(입증책임 전환)** 　│　　　　　　　　　　　　　　　┬ i) 법률상 추정 : 반대사실(예 점유중단) - 상대방에게 입증책임 　│　　　　　　　　　　　　　　　└ ii) 소유자변동, 점유자 변동 시에도 : 추정 ○ 　└ 점유의 병합 ┬ 성질, 하자 그대로 승계 　　　　　　　　└ 법률효과 승계 ×
취득시효 완성의 효과	1. 소유권이전등기청구권 발생 : 소유권 × (∵ 제187조의 예외, 등기 필요) 2. 법적 성질 : 채권적 청구권 　　　　└ 상대방 : 취득시효완성 당시의 진정한 소유자 (∵ 무효등기 명의인 - 상대방 ×) 3. 완성 후 소유자의 변동 ☞ 소유권이전등기청구권 : 이행불능 　┬ vs 완성 당시의 소유자 : 　│　┬ i) 채무불이행에 기한 손배청구(제390조) × (∵ 계약상 채권·채무 ×) 　│　└ ii) 불법행위로 인한 손배청구(제750조) 　│　　┬ 원칙 : × 　│　　└ 예외 : 취득시효완성 사실·의무 - 알았거나 알 수 있었을 때 　└ vs 제3자 ┬ 원칙 : 대항 × 　　　　　　　└ 예외 : 소유자 변동 시부터 새로운 2차 점유취득 시 대항 ○
취득시효 의 효과	등기경료 - 소유권취득: **원시취득** ┬ 원칙 : 소급효 ○ (기산점부터 ~ 취득시효 완성 시까지) 　　　　　　　　　　　　　　　　 └ 예외 : 소급효 × (기산점이전, 취득시효 완성 후)

■ 법률행위로 인한 등기청구권의 소멸시효

	법적 성질	점유 계속 중	점유상실	
			적극적 권리행사	제3자의 침탈
매매에 기한 소유권이전등기청권	채권 10년 소멸시효	소멸시효 진행 ×	**진행 ×**	진행 ○
점유시효취득에 기한 소유권이전등기청권	채권 10년 소멸시효	소멸시효 진행 ×	진행 ○	진행 ○

■ 소멸시효 ⇒ 변론주의 적용 여부

1. 소멸시효 완성의 항변 : 변론주의 적용 ○ → 채무자의 주장 필요

① 소멸시효의 기산점 : 변론주의 적용 ○ ∴ 당사자 의사에 구속 vs **취득시효 기산점 : 변론주의 적용 ×**
② 소멸시효의 기간 :   변론주의 적용 × ∴ 법률사항, 법원이 직권판단

2. 소멸시효 중단의 재항변 : 변론주의 적용 ○ → 권리자의 주장 필요

■ 선의취득

성질	(무권한자) 법률행위 + 동산 공시(점유) ⇒ 공신의 원칙(제249조)	

요건	1. 대상(객체) : 동산 ○ (등록·등기되는 자동차, 선박 ×)
	2. 양도인 ┬ 무권한자
	         └ 외관 : 점유 → **점유보조자 ○**
	3. 양수인 ┬ 평온·공연·선의·무과실
	         │ └ 선의·무과실 판단시기 : 물권행위 완성 시(물권적 합의 + 인도 모두)
	         └ 점유인도 ┬ 현실인도, 간이인도, 목적물반환청구권 양도 ○
	                   └ **점유개정 ×**
	4. 거래행위 ┬ ① 무권한자 제외하고 유효요건 구비 要 ┬ ⅰ) 무권대리 : 선의취득 ×
	           │ └ ⅱ) 사기취소 : 선의취득 ×
	           └ ② 특별승계 ┬ 포괄승계(상속) ×
	                      └ 경매 ○(선의취득 요건 구비 시)	

효과	1. 원시취득 : 취득가능한 권리 ┬ 소유권 ○ └ 질권 ○ 2. 특별규정 : ∴ 선의취득 효과 거부하고 반환받아 갈 것 요구 ×	
특례	의의	도품·유실물 특례(제250조, 제251조)
	요건	① 제249조 요건 충족 : 선의취득 ② 도품·유실물만 ○ ⇒ 사기·공갈·횡령의 경우 × ③ 도난 또는 유실된 날로부터 2년 내

	효과	① 원칙 : 반환청구 ○
		        ┬ 원칙 : 대가변상 ×
		        └ 예외 : 대가변상 ○ (경매·공개시장·동종 물건판매 상인으로부터 선의매수)
		② 예외 : 금전은 반환청구 ×

■ 선점·습득·발견

구분	무주물 선점	유실물 습득	매장물 발견
대상	현재 소유자 없는 **물건**	점유자의 의사 없이 점유를 이탈한 **물건**	토지 등에 감추어져 소유자 판별이 어려운 물건
	동산에 한정, 부동산 국유	성질상 **동산에 한정**	보통 동산, 부동산 가능
소유자	×	○	○
점유	○	○ (점유취득)	× (존재인식)
소유의사	○ (선점)	×	×
권리취득	즉시취득	공고 후 **6개월** 內 권리주장 ×	공고 후 **1년** 內 권리주장 × ※ 타인 토지 기타 물건으로부터 발견한 매장물 : 소유자와 발견자가 절반 취득
효과	※ 원시취득(법률규정) ※ 문화재(동산) → 국유(보상청구 가능)		

■ 첨부

	요건	효과

부합	① **부동산에 부합**(제256조) ⇒ 권원 ┬ × : **부합**
	    └ 부합물 ┬ 부동산 ○ └ ○ : 독립성 ┬ ×(구성부분 ○) : **부합**
	            └ 동산 ○ └ ○(구성부분 ×) : 부속
	② **동산간 부합**(제257조) ⇒ 주종구별 ┬ ○ : 주된 동산 소유자 단독소유
	    └ 부합물 - 동산 ○ └ × : 부합당시 가액비율 : 공유
		1. 소멸하는 동산 : 그 위의 제3자의 권리도 소멸
		2. 손해받은 자
		⇒ 보상청구 가능
		⇒ 부당이득반환 청구요건 구비 要

혼화	동산·동산 → 식별 불가 ⇒ 동산 간 부합 준용	
가공	원칙 : 원재료 소유자 단독소유 예외 : 가액증가 원재료보다 **현저히 다액** → 가공자 소유	

03절 공동소유

■ 사단법인·비법인사단·조합 비교

	조합	비법인사단	사단법인
사단성	단체성 약함(조직과 기관 부재)	단체성 강함(조직과 기관 존재)	단체성 강함(조직과 기관 존재)
규율	계약	정관 기타 규약	정관
권리능력	부정	부정	**긍정**
당사자능력	부정	긍정[3]	긍정
재산소유형태	조합들의 합유	사원들의 총유	법인 단독소유
단체의 행위자	조합원 또는 조합대리	기관(대표자)	기관(대표자)
등기능력	부정	긍정	긍정
불법행위능력	부정	긍정	긍정
채무관계	조합재산으로 책임짐 조합원 개인 재산도 책임 있음	비법인사단의 재산만으로 책임짐 사원은 책임 없음	법인 재산만으로 책임짐 사원은 책임 없음

■ 공동소유형태의 비교

	공유	합유	총유
인적 결합의 형태	인적 결합의 관계가 없다 (지분적 소유)	조합체로서의 인적 결합 (합수적 소유)	비법인사단의 인적 결합
지분	공유지분 (제262조 제1항)	합유지분 (제273조 제1항)	없음
지분의 처분	자유로이 처분 가능 (제263조 전단)	전원 동의로만 가능 (제273조 제1항)	없음
보존행위	각자 단독으로 가능 (제265조 단서)	각자 단독으로 가능 (제272조 단서)	비법인사단 또는 구성원 전원이 당사자 (구성원 1인은 총회결의를 거쳐도 당사자가 되지 못한다)
관리행위 (이용, 개량행위)	과반수지분으로 가능 (제265조 본문)	계약(조합규약)에 의함	사원총회 결의로만 가능 (제275조 제2항)
사용, 수익	지분의 비율에 따라 공유물 전부 사용 (제263조)	조합계약 기타 규약에 따름 (제271조 제2항)	정관 기타 규약에 좇아 가능 (제276조 제2항)
처분, 변경	전원 동의 (제264조)	전원 동의 (제272조 본문)	사원총회 결의 (제276조 제1항)
분할청구	분할청구의 자유 (제268조 제1항), 단 금지특약도 가능	불가(제273조 제2항), 단 조합종료 시 가능	불가
등기방식	계약에 의해 성립하는 경우 공유의 등기와 지분의 등기	합유자 전원 명의로 등기, 합유의 취지의 기재	단체 자체 명의로 등기 가능 (부동산등기법 제26조)

---

3) 민사소송법 제52조 명문규정 있음, 따라서 비법인사단 명의로 소송수행 가능

■ 공유

성립	법률행위, 법률규정(예 건물의 구분소유에 공용부분 제215조, 경계표, 담 등 제239조 등)	
지분	1. 균등 추정 2. 제263조 ┬ 지분처분 : 자유(동의 不要) ⇔ 합유 : 지분 ○, 지분처분 – 전원 동의 ○ 　　　　　　　　　　　　　　　　　　⇔ 총유 : 지분 × 　　　　　└ 지분비율 → 전부 사용 3. 제267조 : 공유자 1인 ┬ 사망 – 상속인 ┬ ○ : 상속 　　　　　　　　　　　│　　　　　　　└ × : 타 공유자 – 지분비율 귀속(제187조) 　　　　　　　　　　　└ 포기 – 타 공유자 – 지분비율 귀속 → **제186조** 　　　　　　　　　　　　　(∵ 공유지분 포기 → 상대방 있는 단독행위 – 법률행위) 4. 등기상 지분과 실제 지분이 다른 경우 → 공유자 간 : 실제 지분 기준	
효력	대내관계	1. **사용·수익 관계(제263조)** : 지분비율 → 전부 사용 2. **보존·관리행위(제265조)** 　　┬ 보존행위 : **각자** 단독 可 → 예 말소등기청구, 반환청구 　　└ 관리행위 : **지분**(공유자 ×)의 **과반수** → 예 임대차계약, 임대차계약의 해지 ※ 공유자 1인의 배타적 점유(공유관계 → 甲 : 3/5, 乙 : 1/5, 丙 : 1/5) ① 과반수 지분권자(甲) 단독점유 　☞ 소수지분권자(乙 or 丙)의 권리 　　ⅰ) 소유권에 기한 물권적 청구권(제213조, 제214조) × (∵ 제213조 단서 → 제265조의 관리행위) 　　ⅱ) 불법행위로 인한 손배청구(제750조) × 　　ⅲ) 부당이득 반환청구(제741조) ○ : 제263조 → 범위 : 자신의 지분행위 내 ② 소수 지분권자(乙) 단독점유 　☞ 과반수 지분권자(甲)의 권리 　　ⅰ) 소유권에 기한 물권적 청구권(제213조, 제214조) ○ (∵ 단독행위 → 제265조의 관리행위) 　　ⅱ) 불법행위로 인한 손배청구(제750조) ○ 　　ⅲ) 부당이득 반환청구(제741조) ○ 　☞ 소수지분권자(丙)의 권리 　　ⅰ) 소유권에 기한 물권적 청구권(제213조, 제214조) 　　　┬ 소유권에 기한 **반환청구권(제213조) ×** (∵ 단독행위 → **제265조의 보존행위 ×**) 　　　└ 소유권에 기한 방해제거청구권(제214조) ○ (∵ 단독행위 → **제265조의 보존행위 ○**) 　　ⅱ) 불법행위로 인한 손배청구(제750조) ○ 　　ⅲ) 부당이득 반환청구(제741조) ○ 3. **처분·변경행위(제264조)** : 전원의 동의 要 ⇔ 합유 동일 ⇔ 총유 : 사원총회 결의 要 제276조 　　┬ ※ 나대지 : 공유토지 → 건물신축 → 관리행위 ×, 처분행위 ○ 　　└ ※ 공유자 1인의 전부처분(매도)(공유관계 → 甲 : 1/2, 乙 : 1/2) 　　　　☞ 甲(1/2)의 전부매도 ⇒ A(등기) 　　　　　↳ 乙 : 1/2 – 전부 : 말소등기청구 → A : 인정 × 　　　　　　(∵ 甲 지분범위 : 실체관계 부합등기 – 유효)
	대외관계	제3자의 침해행위 ※ A 위조등기 시(공유관계 → 甲 : 1/2, 乙 : 1/2) 　甲 : 1/2 ┬ 보존행위 : 각자 단독　⇒　A 위조등기 　乙 : 1/2 ┘ 　　　　　　↳ 전부: 말소등기청구 ○, 각 지분별 진정등기명의 소이등청구 ○
소멸	공유물 분할	

■ 공유물분할청구권(제268조)

성질	1. 형성권(공유자 전원 필요) → 제척기간 ○, 소멸시효 × 2. 언제나 가능(↔ 합유 : 합유물분할청구×)
특약	공유물분할금지특약 ○ : 5년(승계 ×)
분할 방법	1. 협의분할 ↓ 협의 × 2. 재판상 분할 ─ 현물분할(+ 가격배상) ─┐ └ 대금분할 ─────────┘ ⇨ 형성판결 : 재량(공유자 전원 필요 : 필수적 공동소송)
효과	매도인과 동일한 담보책임(제270조)

Chapter 04 용익물권 비교

■ 지상권 · 지역권 · 전세권 비교

	지상권	전세권	지역권
내용	제279조(지상권의 내용) 지상권자는 타인의 토지에 건물 기타 공작물이나 수목을 소유하기 위하여 그 토지를 사용하는 권리가 있다. 비교: 제289조의2(구분지상권) ① 지하 또는 지상의 공간은 상하의 범위를 정하여 건물 기타 공작물을 소유하기 위한 지상권의 목적으로 할 수 있다. 이 경우 설정행위로써 지상권의 행사를 위하여 토지의 사용을 제한할 수 있다.	제303조(전세권의 내용) ① 전세권자는 전세금을 지급하고 타인의 부동산을 점유하여 그 부동산의 용도에 좇아 사용·수익하며, 그 부동산 전부에 대하여 후순위권리자 기타 채권자보다 전세금의 우선변제를 받을 권리가 있다. ② 농경지는 전세권의 목적으로 하지 못한다.	제291조(지역권의 내용) 지역권자는 일정한 목적을 위하여 타인의 토지를 자기토지의 편익에 이용하는 권리가 있다.
지료·전세금의 법적 성질	지료는 성립요건 : ×[1] 제286조(지료증감청구권)[2] 지료가 토지에 관한 조세 기타 부담의 증감이나 지가의 변동으로 인하여 상당하지 아니하게 된 때에는 당사자는 그 증감을 청구할 수 있다. ※ 제287조(지상권소멸청구권) 지상권자가 2년 이상의 지료를 지급하지 아니한 때에는 지상권설정자는 지상권의 소멸을 청구할 수 있다.	전세금은 성립요건 : ○ 제312조의2(전세금 증감청구권)[3] 전세금이 목적 부동산에 관한 조세·공과금 기타 부담의 증감이나 경제사정의 변동으로 인하여 상당하지 아니하게 된 때에는 당사자는 장래에 대하여 그 증감을 청구할 수 있다. 그러나 증액의 경우에는 대통령령이 정하는 기준에 따른 비율을 초과하지 못한다. 제317조(전세권의 소멸과 동시이행) 전세권이 소멸한 때에는 전세권설정자는 전세권자로부터 그 목적물의 인도 및 전세권설정등기의 말소등기에 필요한 서류의 교부를 받는 동시에 전세금을 반환하여야 한다.	지료 성립요건 : ×
존속기간	제280조(존속기간을 약정한 지상권) ① 계약으로 지상권의 존속기간을 정하는 경우에는 그 기간은 다음 연한보다 단축하지 못한다. 1. 석조, 석회조, 연와조 또는 이와 유사한 견고한 건물이나 수목의 소유를 목적으로 하는 때에는 30년 2. 전호 이외의 건물의 소유를 목적으로 하는 때에는 15년 3. 건물 이외의 공작물의 소유를 목적으로 하는 때에는 5년	제312조(전세권의 존속기간) ① 전세권의 존속기간은 10년을 넘지 못한다. 당사자의 약정기간이 10년을 넘는 때에는 이를 10년으로 단축한다. ② 건물에 대한 전세권의 존속기간은 1년 미만으로 정한 때에는 이를 1년으로 한다. ③ 전세권의 설정은 이를 갱신할 수 있다. 그 기간은 갱신한 날로부터 10년을 넘지 못한다.	규정 없음 → 판례는 영구무제한의 지역권설정 가능

	② 견항의 기간보다 단축한 기간을 정한 때에는 전항의 기간까지 연장한다. 제281조(존속기간을 약정하지 아니한 지상권) ① 계약으로 지상권의 존속기간을 정하지 아니한 때에는 그 기간은 제280조의 최단존속기간으로 한다. ② 지상권설정 당시에 **공작물의 종류와 구조를 정하지 아니한 때**에는 지상권은 전조 제2호의 건물의 소유를 목적으로 한 것으로 본다.	④ 건물의 전세권설정자가 전세권의 존속기간 만료 전 6월부터 1월까지 사이에 전세권자에 대하여 갱신거절의 통지 또는 조건을 변경하지 아니하면 갱신하지 아니한다는 뜻의 통지를 하지 아니한 경우에는 그 기간이 만료된 때에 전세권과 동일한 조건으로 다시 전세권을 설정한 것으로 본다. 이 경우 전세권의 존속기간은 그 정함이 없는 것으로 본다6).
처분	제282조(지상권의 양도, 임대) 지상권자는 타인에게 그 권리를 양도하거나 그 권리의 존속기간 내에서 그 토지를 임대할 수 있다. 제289조(강행규정) 제280조 내지 제287조의 규정에 위반되는 계약으로 지상권자에게 불리한 것은 그 효력이 없다.	제306조(전세권의 양도, 임대 등) 전세권자는 전세권을 타인에게 양도 또는 담보로 제공할 수 있고 그 존속기간 내에서 그 목적물을 타인에게 임대할 수 있다. 그러나 설정행위로 이를 금지한 때에는 그러하지 아니하다. 제307조(전세권양도의 효력) 전세권양수인은 전세권설정자에 대하여 전세권양도인과 동일한 권리의무가 있다.	제292조(부종성) ① 지역권은 요역지소유권에 부종하여 이전하며 또는 요역지에 대한 소유권 이외의 권리의 목적이 된다. 그러나 다른 약정이 있는 때에는 그 약정에 의한다. ② 지역권은 요역지와 분리하여 양도하거나 다른 권리의 목적으로 하지 못한다.
원상회복의무 수거의무	제285조(수거의무) ① 지상권이 소멸한 때에는 지상권자는 건물 기타 공작물이나 수목을 수거하여 토지를 원상에 회복하여야 한다.	제316조(원상회복의무, 매수청구권) ① 전세권이 그 존속기간의 만료로 인하여 소멸한 때에는 전세권자는 그 목적물을 원상에 회복하여야 하며 그 목적물에 부속시킨 물건은 수거할 수 있다. 그러나 전세권설정자가 그 부속물의 매수를 청구한 때에는 전세권자는 정당한 이유 없이 거절하지 못한다.	
갱신청구권 매수청구권	제283조(지상권자의 갱신청구권, 매수청구권) ① 지상권이 소멸한 경우에 건물 기타 공작물이나 수목이 현존한 때에는 지상권자는 계약의 갱신을 청구할 수 있다. ② 지상권설정자가 계약의 갱신을 원하지 아니하는 때에는 지상권자는 상당한 가액으로 전항의 공작물이나 수목의 매수를 청구할 수 있다.	없음	

부속물 매수청구권	제285조(수거의무, 매수청구권) ① 지상권이 소멸한 때에는 지상권자는 건물 기타 공작물이나 수목을 수거하여 토지를 원상에 회복하여야 한다. ② 전항의 경우에 지상권설정자가 상당한 가액을 제공하여 그 공작물이나 수목의 매수를 청구한 때에는 지상권자는 정당한 이유 없이 이를 거절하지 못한다. 제289조(강행규정) 제280조 내지 제287조의 규정에 위반되는 계약으로 지상권자에게 불리한 것은 그 효력이 없다.	제316조(원상회복의무, 매수청구권) ① 전세권이 그 존속기간의 만료로 인하여 소멸한 때에는 전세권자는 그 목적물을 원상에 회복하여야 하며 그 목적물에 부속시킨 물건은 수거할 수 있다. 그러나 전세권설정자가 그 부속물건의 매수를 청구한 때에는 전세권자는 정당한 이유 없이 거절하지 못한다. ② 전항의 경우에 그 부속물건이 전세권설정자의 동의를 얻어 부속시킨 것이거나 전세권설정자로부터 매수한 것인 때에는 전세권자는 전세권설정자에 대하여 그 부속물건의 매수를 청구할 수 있다. 그 부속물건이 전세권설정자로부터 매수한 것인 때에도 같다.
	없음	
비용상환 청구권	명문규정 없음[7]	제310조(전세권자의 상환청구권)[8] ① 전세권자가 목적물을 개량하기 위하여 지출한 금액 기타 유익비에 관하여는 그 가액의 증가가 현존한 경우에 한하여 소유자의 선택에 좇아 그 지출액이나 증가액의 상환을 청구할 수 있다. ② 전항의 경우에 법원은 소유자의 청구에 의하여 상당한 상환기간을 허여할 수 있다.

소멸 청구권	제287조(지상권소멸청구권) 지상권자가 **2년 이상의 지료를 지급하지** 아니한 때에는 지상권설정자는 지상권의 소멸을 청구할 수 있다.	제311조(전세권의 소멸청구) ① 전세권자가 전세권설정계약 또는 그 **목적물의 성질에 의하여 정하여진 용법으로 이를 사용, 수익하지** 아니한 경우에는 전세권설정자는 전세권의 소멸을 청구할 수 있다.[9] ② 전항의 경우에는 전세권설정자는 전세권자에 대하여 원상회복 또는 손해배상을 청구할 수 있다.
소멸통고	없음(최단존속기간 때문)	제313조(전세권의 소멸통고) 전세권의 **존속기간을 약정하지** 아니한 때에는 각 당사자는 언제든지 상대방에 대하여 전세권의 소멸을 통고할 수 있고 상대방이 이 통고를 받은 날로부터 6월이 경과하면 전세권은 소멸한다.

1) 다만 법정지상권의 경우 당연히 지료지급의무 발생
2) 양측 당사자 모두 행사 가능
3) 양측 당사자 모두 행사 가능
4) 최단기간 제한 있음. but 최장기간 제한 없음(판례 : 영구도 가능)
5) 최장기간 제한 있음. 최단기간 제한은 건물에만 있음
6) 법정갱신(묵시의 갱신)은 건물전세권에게만 있음. but 지상권은 법정갱신 없음(∵최단존속기간이 장기이기 때문에 법정갱신을 인정하면 설정자에게 너무 불리)
7) 해석상 인정. 지상권설정자에게는 소극적인 인용의무만 있고 오히려 지상권자에게 수선의무가 있기 때문에 필요비상환청구권은 인정 안 됨
8) 전세권설정자에게는 소극적인 인용의무만 있고 오히려 전세권자에게 수선의무가 있기 때문
9) 한편, 연체는 소멸청구사유가 될 수 없다. 매월 차임지급대신에 한꺼번에 전세금을 지급하기 때문

01 절 지상권

■ 담보지상권

의의	저당권 설정 후 토지 위에 용익권 설정이나, 건물 등 공작물 설치 등으로 인한 저당목적물의 담보가치 하락 방지를 주요 목적으로 채권자가 설정한 지상권
허용여부	판례 : ○
성질	1. 용익물권 ○/ 담보물권 × → 피담보채무 존재 × 2. 지상권에 기한 물권적 청구권 → 건물공사 중지청구 가능
소멸	피담보채무 소멸(변제, 소멸시효 완성)로 저당권 소멸 ⇒ 의존관계(연계) : 지상권 소멸

■ 지상권과 전세권의 양도, 임대 규정의 성질 비교

지상권자는 지상권설정자의 동의 없이 타인에게 그 권리를 양도하거나 그 권리의 존속기간 내에 그 토지를 임대할 수 있다(제282조).
이는 편면적 **강행규정**으로(제289조), 이를 금지하는 특약은 무효이다.
※ 비교 : 전세권의 양도나 전대에 관한 규정은 **임의규정**이므로, **금지 특약**은 **유효**이다.

| 제282조【지상권의 양도, 임대】
지상권자는 타인에게 그 권리를 양도하거나 그 권리의 존속기간 내에서 그 토지를 임대할 수 있다.

제289조【강행규정】
제280조 내지 제287조의 규정에 위반되는 계약으로 지상권자에게 불리한 것은 그 효력이 없다. | 제306조【전세권의 양도, 임대 등】
전세권자는 전세권을 타인에게 양도 또는 담보로 제공할 수 있고 그 존속기간 내에서 그 목적물을 타인에게 전전세 또는 임대할 수 있다. 그러나 설정행위로 이를 금지한 때에는 그러하지 아니하다.

※ 임의규정 |

■ 법정지상권 관련 조문

제305조【건물의 전세권과 법정지상권】
① 대지와 건물이 동일한 소유자에 속한 경우에 건물에 전세권을 설정한 때에는 그 대지소유권의 특별승계인은 **전세권설정자**에 대하여 지상권을 설정한 것으로 본다. 그러나 지료는 당사자의 청구에 의하여 법원이 이를 정한다.
② 전항의 경우에 대지소유자는 타인에게 그 대지를 임대하거나 이를 목적으로 한 지상권 또는 전세권을 설정하지 못한다.

제366조【법정지상권】
저당물의 경매로 인하여 토지와 그 지상건물이 다른 소유자에 속한 경우에는 토지소유자는 **건물소유자**에 대하여 지상권을 설정한 것으로 본다. 그러나 지료는 당사자의 청구에 의하여 법원이 이를 정한다.

가등기담보법 제10조【법정지상권】
토지와 그 위의 건물이 동일한 소유자에게 속하는 경우 그 토지나 건물에 대하여 제4조 제2항에 따른 소유권을 취득하거나 담보가등기에 따른 본등기가 행하여진 경우에는 그 건물의 소유를 목적으로 그 토지 위에 지상권이 설정된 것으로 본다. 이 경우 그 존속기간과 지료는 당사자의 청구에 의하여 법원이 정한다.

■ 법정지상권 비교

		관습법상 법정지상권	제366조 법정지상권	제305조 법정지상권
요건		① 처분 당시 　건물존재 : 미등기·무허가건물 ○ 　　　　　　토지소유자의 **동의** 얻어 건물 신축 → × 　건물·토지의 소유자 동일 　　└ 처음부터 동일소유 　　　(※ 강제경매 시 → 압류 시 기준) ② 처분 : 건물과 토지의 소유자 상이 　└ 적법·유효한 처분 - 강제경매 포함 ③ 포기·배제특약 = 철거특약 無 　└ 토지임대차계약 : 포기 ○	① 저당권설정 당시 　건물존재 　　i) 건물 無 : 저당권자의 **동의**로 건물신축 → × 　　ii) 신축 중 : 저당권설정 당시 독립한 건물정도 不要 　　　　　　　　　　　　　규모·종류 외형상 예상하면 足 　　　　　　　　저당권실행 : 독립한 건물 要 　　　　　　└ 건물·토지의 소유자 동일 ② 저당권실행 : 건물과 토지의 소유자 상이 ③ 포기·배제특약 = 무효(강행규정)	① 전세권설정 당시 　　건물존재 → 전세권 : 등기 　　　　　　　　 건물·토지의 소유자 동일 ② 토지소유권 변동 　　└ 건물과 토지의 소유자 상이
효과		① 등기 불요 : 제187조 적용 ② 지료지급의무 발생 : but 지료연체가 되기 위해서는 지료 결정이 있어야 함 ③ 법정지상권은 항상 건물소유자가 갖는다. → **전세권설정자**(전세권자) ×		
소멸		① 법정지상권 포기 ② 지료연체로 인한 지상권소멸청구 ③ 건물의 멸실·철거 후 신축 등 → 법정지상권 소멸 × (존속) — 범위 : 구건물 기준		
참고		① 일괄매매 : 관습법상 법정지상권 × ② 강제경매 사안 : 동일인 판단기준 시기 ┌ 원칙 : 법정지상권 ○ 　　　　　　　　　　　　　　　　　　　　　　└ 특별한 사정(신축건물) : 건물 존속 → 법정지상권 ○ ③ 공동저당 : 건물의 **철거 후 신축** ┌ 압류 시(=강제경매기입등기) ○ → 매각대금 완납 시 × 　　　　　　　　　　　　　　　　　　　　　　├ 전에 가압류 → 가압류 시 　　　　　　　　　　　　　　　　　　　　　　└ 전에 저당권 → 저당권설정 시 ④ 공유 　※ 등기부 폐쇄사안 : 토지공유자 중 1인 건물소유 토지지분만 매매 → 관습법상 법정지상권 × 　　공유 ┌ 토지공유자 중 1인 동의인 저당권설정 ○ → 관습법상 법정지상권 ○ 　　　　 └ 건물공유자 중 1인 부지단독소유 중 토지저당권실행 → 법정지상권 ○		

■ 분묘기지권

성질	지상권 유사의 물권(관습법상 물권)
성립	1. 타인 토지 • 승낙을 얻어 분묘설치 • 승낙 없이 분묘설치 후, **시효취득**(20년간 평온, 공연한 점유 ○ → 등기 ×) ↳ ※ 장사법(2001.1.13.) 이후 인정 × 2. 자기 토지 위에 분묘설치 후 → 토지 처분
공시	1. 분묘자체가 공시수단 → 등기 × 2. 평장, 암장 등 객관적 외형 존재 × → 인정 ×

효과	1. 사용권
	  ① 분묘수호와 봉사에 필요한 범위 내에서(주위의 공지 포함)
	  ② 한계 : 기존 분묘에 새로운 분묘설치 허용×
	       ↳ 쌍분, 단분 ×
	2. 존속기간 : 분묘수호와 봉사가 계속하는 한 존속
	3. 지료 : ① 약정에 의한 분묘기지권
	         ┌ 약정 有 : 약정대로(유상, 무상) → 승계인에게도 미침
	         └ 약정 無 : 무상
	      ② 자기 토지 위에 분묘설치 후 토지 처분 → 성립 시부터
	      ③ **시효취득에 의한 분묘기지권** ┬ 유상
	        (판례변경) └ 범위 : 청구 시부터

소멸	분묘기지권의 포기 : 의사표시로 소멸(점유이전 ×)

■ 물권법상 강행규정성

※ 물권법 : 1. 원칙적 강행규정(물권법정주의)
          2. 예외적 임의규정

① 법정지상권 강행규정(제366조) VS **관습법상** 법정지상권 임의규정 → 포기·배제특약 유효
② 지상권양도규정 강행규정 VS 전세권 양도규정 임의규정(제306조) → 양도금지특약 유효
③ 지역권 부종성 규정 임의규정(제292조)
④ 유치권 임의규정(제320조) → **판례** 배제특약 가능
⑤ 질권의 피담보채권의 범위 임의규정(제334조)
⑥ 저당권의 효력 임의규정(제358조)

제292조【부종성】
① 지역권은 요역지 소유권에 부종하여 이전하며 또는 요역지에 대한 소유권 이외의 권리의 목적이 된다. **그러나 다른 약정이 있는 때에는 그 약정에 의한다.**
② 지역권은 요역지와 분리하여 양도하거나 다른 권리의 목적으로 하지 못한다.

제306조【전세권의 양도, 임대 등】
전세권자는 전세권을 타인에게 양도 또는 담보로 제공할 수 있고 그 존속기간 내에서 그 목적물을 타인에게 전전세 또는 임대할 수 있다. **그러나 설정행위로 이를 금지한 때에는 그러하지 아니하다.**

제320조【유치권의 내용】
① 타인의 물건 또는 유가증권을 점유한 자는 그 물건이나 유가증권에 관하여 생긴 채권이 변제기에 있는 경우에는 변제를 받을 때까지 그 물건 또는 유가증권을 유치할 권리가 있다.
② 전항의 규정은 그 점유가 불법행위로 인한 경우에 적용하지 아니한다.

제334조【피담보채권의 범위】
질권은 원본, 이자, 위약금, 질권실행의 비용, 질물보존의 비용 및 채무불이행 또는 질물의 하자로 인한 손해배상의 채권을 담보한다. **그러나 다른 약정이 있는 때에는 그 약정에 의한다.**

제358조【저당권의 효력의 범위】
저당권의 효력은 저당부동산에 부합된 물건과 종물에 미친다. **그러나 법률에 특별한 규정 또는 설정행위에 다른 약정이 있으면 그러하지 아니하다.**

■ 소멸청구권 비교

	소멸청구권
지상권	제287조【지상권소멸청구권】 지상권자가 **2년 이상의 지료를 지급하지 아니한 때**에는 **지상권설정자**는 지상권의 소멸을 청구할 수 있다.
전세권	제311조【전세권의 소멸청구】 ① 전세권자가 전세권설정계약 또는 **그 목적물의 성질에 의하여 정하여진 용법으로 이를 사용, 수익하지 아니한 경우**에는 **전세권설정자**는 전세권의 소멸을 청구할 수 있다.[10]
유치권	제324조【유치권자의 선관의무】 ① 유치권자는 **선량한 관리자의 주의로 유치물을 점유**하여야 한다. ② 유치권자는 **채무자의 승낙 없이 유치물의 사용, 대여 또는 담보제공**을 하지 못한다. 그러나 유치물의 보존에 필요한 사용은 그러하지 아니하다. ③ 유치권자가 전2항의 규정에 위반한 때에는 **채무자**는 유치권의 소멸을 청구할 수 있다. 제327조【타담보제공과 유치권소멸】 채무자는 **상당한 담보를 제공**하고 유치권의 소멸을 청구할 수 있다.
질권	제343조가 제324조【유치권자의 선관의무】 준용 ① 질권자는 **선량한 관리자의 주의로 질물을 점유**하여야 한다. ② 질권자는 **채무자의 승낙 없이 유치물의 사용, 대여 또는 담보제공**을 하지 못한다. 그러나 질물의 보존에 필요한 사용은 그러하지 아니하다. ③ 질권자가 전2항의 규정에 위반한 때에는 **채무자**는 질권의 소멸을 청구할 수 있다.
저당권	제364조【제3취득자의 변제】 **저당부동산**에 대하여 소유권, 지상권 또는 전세권을 **취득한 제3자**는 저당권자에게 그 부동산으로 담보된 채권을 변제하고 **저당권의 소멸을 청구**할 수 있다.

---

10) 한편, 연체는 소멸청구사유가 될 수 없다. 매월 차임지급 대신에 한꺼번에 전세금을 지급하기 때문

02절 지역권

■ 상린관계와 지역권 비교

	상린관계	지역권
인접성	인접 부동산소유권 상호 간의 이용조절	승역지와 요역지 간의 **인접 不要**
발생원인	법률의 규정의 의해 당연 인정 등기불요	계약으로 인정 등기필요
소멸시효	무관	20년의 소멸시효
적용범위	부동산(토지, 건물)과 물의 이용관계 조절	토지의 이용관계 조절
기능	소유권의 최소한의 확정과 제한	소유권의 탄력적 이용 조절 가능

03 절 전세권

■ 전세권 관련문제

건물 전세에만 인정	① 1년 최단존속기간 ② 법정갱신 ─┬─ 기간의 정함이 없는 것 　　　　　　└─ 소멸통고 ⇒ 각 당사자 모두 청구 ○ 　　　　　　　　　　　　⇒ **소멸통고 후** 6개월 경과 시 소멸
전세금반환청구권 과 전세권의 분리양도	① 전세권 존속기간 중(합의해지 등 소멸 전) 　　├─ 원칙 : (확정적) 분리양도 × 　　└─ 예외 : 장래조건부 양도 ○ ② 전세권 소멸 후 　　├─ 용익물권 × → 존속기간 만료로 당연소멸 　　└─ 담보물권 ○ ⇒ **수반성** ○ 　　　　　↳ 피담보채권과 담보물권 함께 양도(합리적) 　　　　but **특별한 사정** ○ → **분리양도 허용**(무담보채권의 양도) ∴ 전세금반환청구권과 전세권 **함께 양도** ○ 　but **특별한 사정이 있으면** 전세금반환청구권과 전세권 **분리양도 허용**(무담보채권의 양도)
일부 전세	① 전세권 이외의 부분의 경매신청권 : × 　　　　　　　　　(전세권의 목적이 된 부분과 불가분관계에 있다 하더라도) ② 전세권 이외의 부분의 우선변제권 : ○
전전세	1. 의의 : 전세권자의 전세권을 그대로 존속(원전세권) 　　　　↳ 그 전세권을 목적으로 다시 물권인 전세권 설정하는 것(전전세권) 2. 성질 : 원전세권에 종속 ─┬─ 원전세권의 범위 내에서만 설정 　　　　　　　　　　　└─ 원전세권 소멸 시 전전세권 소멸 3. 1) 요건상 쟁점 　　├─ 전전세권도 물권 → 등기 필요 ○ 　　├─ 전전세권의 ─┬─ 존속기간 : 원전세권의 범위 내에서만 ○ 　　│　　　　　　└─ 전세금 : 원전세금의 범위 내에서만 ○ 　　└─ 원전세권의 일부 목저으로 하는 전전세권 설정 ○ 　2) 효과상 쟁점 　　├─ 전전세권이 설정되더라도 원전세권 소멸 × 　　├─ 전전세권자는 원전세권설정자에 대한 관계에서는 아무런 권리·의무 × 　　├─ 원전세권자의 책임가중(제308조) 　　├─ 전전세하지 아니하였으면 면할 수 있는 불가항력으로 인한 손해에 대해 책임 ○ 　　└─ 전전세권이 존속하는 동안 원전세권자는 원전세권 소멸시키지 ×

■ 전전세와 전세권 양도 비교

	전전세	전세권 양도
원전세권의 소멸 여부	× (존속)	○ (소멸)
책임가중 여부	○	×
권리·의무의 주체	전전세권자는 원전세권자에 대해서만 권리의무 ○ (원전세권설정자와는 무관)	전세권 양수인이 직접 전세권설정자에 대해 권리의무 ○
원전세권과의 독립성	종속	독립

Chapter 05 담보물권 비교

■ 유치권·질권·저당권 비교

	유치권	질권	저당권
내용	제320조(유치권의 내용) ① 타인의 물건 또는 유가증권을 점유한 자는 그 물건이나 유가증권에 관하여 생긴 채권이 변제기에 있는 경우에는 변제를 받을 때까지 그 물건 또는 유가증권을 유치할 권리가 있다. ② 전항의 규정은 그 점유가 불법행위로 인한 경우에 적용하지 아니한다.	제329조(동산질권의 내용) 동산질권자는 채권의 담보로 채무자 또는 제삼자가 제공한 동산을 점유하고 그 동산에 대하여 다른 채권자보다 자기채권의 우선변제를 받을 권리가 있다. 제345조(권리질권의 목적) 질권은 재산권을 그 목적으로 할 수 있다. 그러나 부동산의 사용, 수익을 목적으로 하는 권리는 그러하지 아니하다.	제356조(저당권의 내용) 저당권자는 채무자 또는 제삼자가 점유를 이전하지 아니하고 채무의 담보로 제공한 부동산에 대하여 다른 채권자보다 자기채권의 우선변제를 받을 권리가 있다. 제371조(지상권, 전세권을 목적으로 하는 저당권) ① 본장의 규정은 지상권 또는 전세권을 저당권의 목적으로 한 경우에 준용한다. ② 지상권 또는 전세권을 목적으로 저당권을 설정한 자는 저당권자의 동의 없이 지상권 또는 전세권을 소멸하게 하는 행위를 하지 못한다.
성질	법정담보물권 ※ 배제특약 가능	• 원칙 : 약정담보물권(설정계약 + 인도) • 예외 : 법정담보물권(제648조, 제650조) 제330조(설정계약의 요물성) 질권의 설정은 질권자에게 목적물을 인도함으로써 그 효력이 생긴다.	• 원칙 : 약정담보물권(설정계약 + 등기) • 예외 : 법정담보물권(제649조) 제186조(부동산물권변동의 효력) 부동산에 관한 법률행위로 인한 물권의 득실변경은 등기하여야 그 효력이 생긴다.
등기 여부	등기불요	등기불요	• 약정담보물권(설정계약 + 등기) : 저당등기 필요 • 법정담보물권(제649조) : 불요
목적물의 사용·수익권	제324조(유치권자의 선관의무) ① 유치권자는 선량한 관리자의 주의로 유치물을 점유하여야 한다. ② 유치권자는 채무자의 승낙 없이 유치물의 사용, 대여 또는 담보제공을 하지 못한다. 그러나 유치물의 보존에 필요한 사용은 그러하지 아니하다. ③ 유치권자가 전2항의 규정에 위반한 때에는 채무자는 유치권의 소멸을 청구할 수 있다. • 원칙 : 없음 • 예외 : 채무자의 승낙 경우와 보존사용	제343조(준용규정) 제249조 내지 제251조, 제321조 내지 제325조의 규정은 동산질권에 준용한다. • 원칙 : 없음 • 예외 : 채무자의 승낙 경우와 보존사용	없음

	유치권	질권	저당권
경매신청권	제322조(경매, 간이변제충당) ① 유치권자는 채권의 변제를 받기 위하여 유치물을 경매할 수 있다. ② 정당한 이유 있는 때에는 유치권자는 감정인의 평가에 의하여 유치물로 직접 변제에 충당할 것을 법원에 청구할 수 있다. 이 경우에는 유치권자는 미리 채무자에게 통지하여야 한다.	제338조(경매, 간이변제충당) ① 질권자는 채권의 변제를 받기 위하여 질물을 경매할 수 있다. ② 정당한 이유 있는 때에는 질권자는 감정인의 평가에 의하여 질물로 직접 변제에 충당할 것을 법원에 청구할 수 있다. 이 경우에는 질권자는 미리 채무자 및 질권설정자에게 통지하여야 한다.	제363조(저당권자의 경매청구권, 경매인) ① 저당권자는 그 채권의 변제를 받기 위하여 저당물의 경매를 청구할 수 있다. ② 저당물의 소유권을 취득한 제삼자도 경매인이 될 수 있다. ※ 간이변제충당권은 없음
보전적 효력	• 점유필요 • 유치적 효력(제320조 제1항) ※ 제322조(경매, 과실수취권) 제323조(유치권) ① 유치권자는 유치물의 과실을 수취하여 다른 채권보다 먼저 그 채권의 변제에 충당할 수 있다. 그러나 과실이 금전이 아닌 때에는 경매하여야 한다. ② 과실은 먼저 채권의 이자에 충당하고 그 잉여가 있으면 원본에 충당한다.	• 점유필요 • 유치적 효력(제335조) 우선변제적 효력(제329조) 제335조(유치적 효력) 질권자는 전조의 규정에 의하여 질물을 경매하거나 질물로 직접 변제에 충당할 것을 청구할 수 있을 때까지 유치물을 유치할 수 있다. 그러나 자기보다 우선권이 있는 채권자에게 대항하지 못한다.	• 점유불필요 • 우선변제적 효력(제356조)
물상대위성	없음(우선변제권이 없기 때문)	※ 제334조 [피담보채권의 범위] 질권은 원본, 이자, 위약금, 질권실행의 비용, 질물보존의 비용 및 채무불이행 또는 질물의 하자로 인한 손해배상의 채권을 담보한다. 그러나 다른 약정이 있는 때에는 그 약정에 의한다. → 임의규정 제342조(물상대위) 질권은 질물의 멸실, 훼손 또는 공용징수로 인하여 질권설정자가 받을 금전 기타 물건에 대하여도 이를 행사할 수 있다. 이 경우에는 그 지급 또는 인도 전에 압류하여야 한다.	※ 제360조 [피담보채권의 범위] 저당권은 원본, 이자, 위약금, 채무불이행으로 인한 손해배상 및 저당권의 실행비용을 담보한다. 그러나 지연배상에 대하여는 원본의 이행기일을 경과한 후의 1년분에 한하여 저당권을 행사할 수 있다. 제370조(준용규정) 제214조, 제321조, 제333조, 제340조, 제341조 및 제342조의 규정은 저당권에 준용한다.
불가분성	제321조(유치권의 불가분성) 유치권자는 채권전부의 변제를 받을 때까지 유치물 전부에 대하여 그 권리를 행사할 수 있다.	제343조(준용규정) 제249조 내지 제251조, 제321조 내지 제325조의 규정은 동산질권에 준용한다.	제370조(준용규정) 제214조, 제321조, 제333조, 제340조, 제341조 및 제342조의 규정은 저당권에 준용한다.

부종성	있음	있음	제369조(부종성) 저당권으로 담보한 채권이 시효의 완성 기타 사유로 인하여 소멸한 때에는 저당권도 소멸한다. 제357조(근저당) ① 저당권은 그 담보할 채무의 최고액만을 정하고 채무의 확정을 장래에 보류하여 이를 설정할 수 있다. 이 경우에는 그 확정될 때까지의 채무의 소멸 또는 이전은 저당권에 영향을 미치지 아니한다. ② 전항의 경우에는 채무의 이자는 최고액 중에 산입한 것으로 본다.
수반성	있음	있음	제361조(저당권의 처분제한) 저당권은 그 담보한 채권과 분리하여 타인에게 양도하거나 다른 채권의 담보로 하지 못한다.

01절 유치권

■ 유치권

	유치권	질권	저당권
법적 성격	**법정**담보물권 ┬ 법률행위로 성립 ×, └ but 배제특약가능(**임의규정**)	약정담보물권(원칙)	
성립요건	① 타물권 : 물건(동산, 부동산) + 유가증권	동산	부동산
	② 피담보채권 존재(채권과 견련관계) 　ⅰ) 점유하는 **물건**에 관해 생긴 채권만 인정 　　• 공사계약(수급인) - 공사대금채권 ○ 　　• 점유권, 임대차계약 등 기타 비용상환청구권 ○ 　　• 임대차계약 - 권리금, 보증금반환청구권 × 　　• 매매계약 - 매매대금채권 × 　　• 부속물매수청구권, 지상물매수청구권 × 　　• 계약명의신탁 : 매수자금의 부당이득반환청구권 × 　ⅱ) 점유와 견련성 요구 × → 채권발생 후 점유이전 ○	피담보채권 제한 ×	
	③ 변제기 도래 　• 성립요건 ○ 　• 유익비상환청구권 　　↳ 상당기간 유예 → 변제기 도래 × ∴유치권 ×	성립요건 ×(집행요건 ○)	
	④ 점유 : ○ 　ⅰ) 존속요건 ∴ 점유상실 ┬ • 유치권 소멸 　　　　　　　　　　　　└ • but 제204조 점유회복 ○ : 유치권 ○ 　ⅱ) 직접점유, 간접점유 ┬ • 원칙 : ○ 　　　　　　　　　　　└ • 예외 : 채무자 직접점유 × 　ⅲ) 불법행위로 개시 : ×	점유 ○ (효력발생요건)	점유 ×
효력	① 유치적 효력 : ○ ② 우선변제적 효력 : × → 물상대위 × ③ but 경매신청권 ○	유치적 효력 : ○ 우선변제적 효력 : ○ 경매신청권 : ○	×
소멸	① 피담보채권 소멸 : ○ 　• 변제 　• 소멸시효 완성 ○ 　　※ 유치권 행사 중이라도 소멸시효 진행에 영향 × ② 점유상실 : but 제204조 점유회복 ○ → 유치권 ○ ③ 동의 없이 사용·대여 등 유치권소멸 청구 시	좌동	
			×

■ 건물신축의 소유권 귀속

도급 계약 ×	자기비용·노력 → 신축한 자 소유
도급 계약 ○	1. 도급인 : 자기비용·노력 → 도급인 소유 2. 수급인 : 자기비용·노력 ┬ 원칙 : 수급인 소유 　　　　　　　　　　　　└ 예외 : 도급인 소유권 귀속의 　　　　　　　　　　　　　　　　합의 ○ → 도급인 소유

02 절 질권

■ 채권질권의 설정방법

지명채권	질권설정의 **합의** + 채권증서 **有** → **교부**(제347조) if 증서가 無 → 교부 × 다만 대항요건으로서 **통지나 승낙이 요구**	→ 효력요건 → **대항요건**
지시채권	증서의 **배서 및 교부**를 要(제350조, 제508조)	→ 효력요건
무기명채권	증서의 **교부**를 要(제351조, 제523조)	→ 효력요건
저당권부 채권	저당권등기에 **질권설정의 부기등기를 하여야 저당권에도** 권리질권의 효력이 미친다(제348조).	→ 효력요건

03 절 저당권

■ 제3자 명의로 마쳐진 저당권설정등기

원칙	무효 → 담보물권의 **부종성**에 반하기 때문
예외	유효 → 실체관계 부합의 항변 1. 채권자를 제3자의 이름으로 하는 저당권등기 : 3자간의 합의 + 실질적 귀속 2. 채무자를 제3자의 이름으로 하는 저당권등기 : 3자간의 합의 3. 1의 경우와 2의 경우의 결합한 등기 : 각각의 요건 충족 시 인정

■ 민법상 공용징수

제342조【물상대위】
질권은 질물의 **멸실**, **훼손** 또는 **공용징수**로 인하여 질권설정자가 받을 금전 기타 물건에 대하여도 이를 행사할 수 있다. 이 경우에는 그 지급 또는 인도 전에 압류하여야 한다.

공용징수 → 협의수용 : 사법상 매매의 성질. 물상대위 : ×
　　　　　→ 재결수용 : 법률상 멸실 인정. 물상대위 : ○

■ 근저당권

성립	기본계약(피담보채권을 성립시키는 법률행위) + 근저당권설정계약 + 근저당권설정등기 ① 기본계약관계 → 증명책임 : 존재를 주장하는 측에서 ② 근저당권설정계약 ③ 근저당권설정등기 ┬ 채권최고액 : 필수적 등기 / 근저당 기재 　　　　　　　　　　└ 결산기·존속기간 : 필수적 등기× (대항요건)
피담보채권의 범위	지연배상 : 1년분 한정 × → 채권최고액에 포함되는 이상 모두 담보 실행비용 : 포함 ×
근저당말소 등기청구	① 채무자 및 근저당권설정자 : 채권최고액 < 채무액 → 실제 **채무액** 전부변제 ② 물상보증인, 제3취득자 : 채권최고액 < 채무액 → **채권최고액만** 변제
피담보채권의 확정	1. 의의 : 더 이상 추가될 피담보채권이 발생할 여지가 없음 2. 확정사유 　1) 존속기간·결산기 　　• 정한 경우 ┬ 기간결산기 도래, 존속기간 만료 　　　　　　　└ 담보되는 채권의 전부 소멸 + 채무자의 거래의사 × → 확정청구 가능 　　• 정하지 않은 경우 - 언제든지 설정자, 제3취득자도 해지 → 확정청구 가능 　2) **경매신청** 　　• 근저당권자 스스로 경매신청 : 경매신청 시 → 신청취하 : 확정의 효력에 영향 × 　　• 제3자 경매신청 : 경매대금 완납 시 　3) 기본계약가 파담보채권의 확정 전 채무자변경 　　└ 변경 후의 범위에 속하는 채권이나 채무자에 대한 채권만이 담보
확정의 효과	채권최고액을 한도로 그 확정채권액만 담보하는 일반저당권으로 전환

■ 근저당권의 확정시기(경매신청 시)

후순위 근저당권자가 경매를 신청한 경우(제3자자가 신청한 경우) 선순위 근저당권의 피담보채권은 그 근저당권이 소멸하는 시기, 즉 경락인이 경락대금을 완납한 때에 확정된다(대판 1999.9.21, 99다26085).
※ 비교 : 근저당권자 자신이 경매신청한 경우 : 그 경매신청 시에 근저당권은 확정

■ 저당권의 효력이 미치는 범위

의미	① 경락인이 경매를 통하여 취득하는 대상 ② 피담보채권의 우선변제에 충당되는 처분대가
목적물의 범위	1. 부합물·종물(제358조) : ○ → 저당권 설정 전후 불문 　　↳ 종된 권리 : ○ 2. 과실(제359조) ┬ 원칙 : × 　　　　　　　　└ 압류 후 : ○ 3. 원래 저당목적물의 **가치변형물**에도 미치는가? → **물상대위**(제370조, 제342조 준용) 　1) 요건 　　① 법률상 우선변제권이 인정될 것 → **유치권** × 　　② 저당물(질물)의 멸실, 훼손 또는 공용징수 → 매매, 임대 × 　　③ 설정자가 받을 금전 기타 물건에 대한 청구권의 존재 　　④ 지급 또는 인도받기 전에 압류 → 특정성을 위한 것으로 제3자 ○(判) 　2) **행사방법** 　　① 스스로 채권압류 및 전부명령을 신청 　　② 타인의 강제집행절차에서 배당요구 　3) **행사시기** 　　① 배당요구 종기까지 행사해야 함 　　② 만약 배당요구 종기를 도과한 경우 + 부당이득반환청구의 문제 　　　┌ 저당목적물의 소유자가 보상금을 수령한 경우 : 부당이득반환청구 ○ 　　　└ 다른 채권자가 배당받은 경우 : 부당이득반환청구 ×
피담보채권의 범위 (제360조)	1. 저당권자가 다른 채권자들의 관계에서 우선변제를 받을 수 있는 채권의 범위 : ○ 　→ 채무자의 관계에서는 적용 × 2. 원본, 이자, 위약금, 채무불이행으로 인한 손해배상, 저당권 실행비용 but 지연배상 1년분에 한함 ※ **질권과의 비교** : 질권 > 저당권 　　　　　　　　　(지연배상 1년분에 한함, 보존비용, 목적물 하자로 인한 손배 ×)

■ 제3취득자를 위한 특별규정

제363조 제2항【저당권자의 경매청구권, 경매인】
저당물의 소유권을 취득한 제3자도 경매인이 될 수 있다.

제364조【제3취득자의 변제】
저당부동산에 대하여 소유권, 지상권 또는 전세권을 취득한 제3자는 저당권자에게 그 부동산으로 담보된 채권을 변제하고 저당권의 소멸을 청구할 수 있다.

제367조【제3취득자의 비용상환청구권】
저당물의 제3취득자가 그 부동산의 보존, 개량을 위하여 필요비 또는 유익비를 지출한 때에는 제203조 제1항, 제2항의 규정에 의하여 저당물의 경매대가에서 우선상환을 받을 수 있다.

일괄경매청구권

의미	저당권 실행으로 건물과 토지 소유자가 상이하게 되었으나, 법정지상권 × 건물 철거의 사회경제적 손실 방지 목적
성립요건	1. 토지에 **저당권 설정당시** 건물 존재 × → **법정지상권** × 2. 저당권 설정 후 저당권설정자가 **건물 축조** 　　　↳ 예외 : 토지 용익권자가 건물축조 후 저당권설정자 소유 ○ 3. **경매신청 당시** 그 건물이 **저당권설정자**의 소유인 사실 　　→ 제3자 소유 ×
효과	1. 일괄 경매청구 ○ ┬ 자유 　　　　　　　　└ 의무 × 2. 우선변제권의 범위 ┬ 토지 ○ 　　　　　　　　　└ 건물 ×(지상건물의 환가대금 ×)

공동저당

목적물 전부가 채무자 소유 또는 물상보증인 소유인 경우	1. **동시배당** : 제368조 제1항 적용 → 각 부동산의 경매대가에 **비례**하여 채권**분담** 2. **이시배당** : 제368조 제2항 적용 　→ 전문 : 공동저당권자는 먼저 경매된 부동산의 대가에서 채권 **전부변제수령** 가능 　→ 후문 : 이 경우 먼저 경매된 부동산의 대가에서 **후순위저당권자**는 동시에 배당하였 　　　으면 공동저당권자가 다른 부동산에서 변제 받을 수 있는 금액의 한도에서 공동저 　　　당권자를 **대위**하여 저당권행사 가능
목적물 일부는 채무자 소유, 목적물 일부는 물상보증인 소유인 경우	1. **동시배당** : 제368조 제1항 적용 × → 　① 채무자소유 : 먼저 ○ 　② 부족 시 : 물상보증인 ○ 2. **이시배당** 　(1) 채무자 소유가 먼저 경매된 경우 : **제368조 제2항 대위** × 　(2) 물상보증인 소유가 먼저 경매된 경우 　　① 물상보증인 : 법정대위(제481조) 　　② 후순위저당권자(=물상보증인에게 돈을 대여한 자) : 물상대위

저당권 침해에 대한 구제

저당권 침해		① 교환가치의 감소 ② 저당부동산의 통상의 용법에 따른 사용·수익의 범위 초과 : 침해 ○
저당권 침해 구제	저당권에 기한 물권적 청구권 (제370조)	① 제213조 준용 × → 반환청구 × ② 제214조 준용 ○ → 방해제거, 방해예방청구 ○
	손해배상청구권 (제750조)	침해로 인한 손해발생 시 인정(저당권 실행 전제 ×)
	담보물보충청구권 (제362조)	① 저당권설정자 침해(채무자, 물상보증인) 시 인정 ② 다른 구제수단과 선택적 청구만 가능(함께 ×)
	즉시변제청구권 (제388조)	채무자 침해 시 인정(물상보증인 ×)

PART 03

민사특별법

Chapter 01 집합건물의 소유 및 관리에 관한 법률

■ 구분소유의 근거규정(민법)

제215조【건물의 구분소유】
① 수인이 한 채의 건물을 구분하여 각각 그 일부분을 소유한 때에는 건물과 그 부속물 중 **공용하는 부분**은 그의 공유로 추정한다.
② **공용부분의 보존에 관한 비용 기타의 부담은 각자의 소유부분의 가액에 비례**하여 분담한다.

제268조【공유물의 분할청구】
① 공유자는 공유물의 분할을 청구할 수 있다. 그러나 5년 내의 기간으로 분할하지 아니할 것을 약정할 수 있다.
② 전항의 계약을 갱신한 때에는 그 기간은 갱신한 날로부터 5년을 넘지 못한다.
③ 전2항의 규정은 **제215조, 제239조의 공유물에는 적용하지 아니한다.**

■ 「집합건물의 소유 및 관리에 관한 법률」의 공유자의 사용과 민법 규정 비교

제11조【공유자의 사용권】
각 공유자는 공용부분을 그 **용도에 따라 사용**할 수 있다.

제17조【공용부분의 부담·수익】
각 공유자는 규약에 달리 정한 바가 없으면 그 지분의 비율에 따라 공용부분의 관리비용과 그 밖의 의무를 부담하며 공용부분에서 생기는 이익을 취득한다.

> **비교** : 민법상 공유
> **제263조【공유지분의 처분과 공유물의 사용, 수익】**
> 공유자는 그 지분을 처분할 수 있고 공유물 전부를 **지분의 비율로 사용, 수익**할 수 있다.
> **제266조【공유물의 부담】**
> ① 공유자는 그 지분의 비율로 공유물의 관리비용 기타 의무를 부담한다.

■ 관리단과 관리인

관리단	① 법률상 당연히 구성 ② 해당 **구분소유자 전원으로 구성**/ 인적 결합체
관리인	① 대내적 해당 건물 관리 총괄 ② 대외적 관리단을 **대표**(대표권 제한 - 선의 제3자 대항×) ③ 선임**의무화 : 구분소유자 10인 이상**인 경우
관리단집회	① 최고의사결정기관 ② 정기회 : 1년 1회(**매년 회계연도 종료 후 3개월 이내**) ③ 임시회 　㉠ 관리인이 필요하다고 인정 시 : 구분소유자 1/5 이상 　㉡ 의결권 1/5 이상 가진 자 : 회의목적사항 명시 　㉢ 관리단집회 소집 청구 시 ④ 집회소집 　㉠ 소집절차 : 관리인은 집회일 1주일 전 회의목적사항을 명시하여 소집통지 　㉡ 소집절차 생략 : **구분소유자 전원이 동의**

■ 건물의 구분소유

의의	① 수인이 1동의 건물을 구분하여 각각 그 일부분을 소유
	② **일물일권주의의 예외**
민법 규정	① 공용하는 부분 : 그의 공유로 추정(제215조 제1항)
	② 공용부분 **보존 비용** : 각자의 **소유부분의 가액에 비례**하여 분담(제215조 제2항)
	③ 공용부분 : 분할청구 × (제268조 제3항)
집합 건물의 소유 및 관리에 관한 법률	구분 소유 개념	① 구조상의 독립성 및 이용상의 독립성 ⎤ ※ 전유부분 ② **소유자의 구분소유의사와 구분행위**(제1조) ⎦ ∴ 구분행위 : 법률관념상 건물의 특정 부분을 구분하여 별개의 소유권의 객체로 하려는 **일종의 법률행위** 　　　　　　(처분권자의 구분의사가 객관적으로 외부에 표시되면 ○) 등기 × → 건물 중 전유부분을 목적으로 하는 소유권을 구분소유라 함
	전유 부분과 공유 부분	① 의의 • 법정공용부분(성질상 당연히 공용부분으로 볼 수 있는 계단, 엘리베이터 등) • 규약공용부분(관리사무실, 노인정 등과 같이 구조상으로는 전유부분이지만 규약에 의해 공용부분) ※ 법정공용부분은 등기 ×, 규약공용부분은 등기 필요 ② 전원의 공유 • 원칙 • 예외 ┬ 일부 사람만의 공용임이 명백한 경우 일부의 공유 가능 　　　 └ 규약으로서 달리 규정 ○ ③ 지분의 비율 : 전유부분의 면적비율 ④ 지분권의 처분(**전유부분과 공용부분에 대한 지분의 일체성**) 　　　　　　　　└ 전유부분의 처분에 따르며 독립처분 × ※ 판례 : 공용부분의 취득시효 대상 ×
	전유 부분과 대지 사용권	① 대지사용권의 의의·성질 　└ 구분소유자가 전유부분을 소유하기 위하여 건물의 대지에 대하여 가지는 권리 　　(예 소유권·지상권·전세권·임차권 등) ※ 전원의 공유이나 **공유물분할청구는 금지** ② 구분소유자의 대지사용권 : 구분소유자는 누구나 **대지 전체에 대하여 이용가능** ③ 대지사용권의 처분(**전유부분과 대지사용권의 일체성**) 　└ 전유부분과 분리하여 대지사용권만을 처분 × 　　∴ 건물을 소유하려면 대지사용권은 필요
	구분 소유 건물의 관리 관계	① 임의규정 - 기본적 사항만 법률로 규정, 기타 사항은 규약으로 규정 가능 ② 전유부분에 대한 권리·의무 • 상린관계에 기초한 것으로 볼 수 있는 권리·의무가 발생. 즉, • 공동의 이익에 반하는 행위의 금지(동법 제5조 제1항) • 용도변경 및 증·개축의 금지(동법 제5조 제2항) • 대지소유자의 구분소유권매도청구권 행사에 응할 의무(동법 제7조) 등이 인정 ③ 공용부분에 대한 권리·의무 가) **용도에 따라 사용**(동법 제11조). 　비교 : 민법 제263조에서 **공유지분의 비율에 의해** 사용할 수 있는 것과 구별 나) 보존행위 : 각자가 가능 다) 변경행위 : 구분소유자 및 의결권의 3분의 2 이상의 결의로(동법 제15조 제1항) 라) 권리 및 의무 : 규약에 달리 정함이 없는 한 그 **지분의 비율에 따라 관리비용** 및 의무 **부담**
	관리 조직	① 관리단의 당연 설립 : 　└ 구분소유관계가 성립하면 구분소유자 전원으로 관리단을 구성하여야 함(제23조 제1항) ② 관리인 선임 : 　└ **구분소유자가 10인 이상일 때 반드시 관리인을 선임하여야 함**(제24조 제1항)

Chapter 02 부동산 실권리자명의 등기에 관한 법률

■ 명의신탁(부실법 적용 여부)

	명의신탁유형	효과
적용 ○	매매계약 ×	단순 명의신탁(2자 간 명의신탁)	명의신탁약정 : 무효(제4조 제1항) → 등기 무효(제4조 제2항)
		중간생략형(3자 간) : 신탁자와 수탁자 : 명의신탁약정 매도인 vs 신탁자	매매계약 : 유효 명의신탁약정 : 무효 → 등기 : 무효 명의신탁약정 : 무효 → 등기 무효
	매매계약 ○	계약명의신탁 • 신탁자와 수탁자 : ① 명의신탁약정 ② 위임약정 매도인 vs 수탁자	매도인 위의 위임약정 : 유효 → (제137조) ⇒ 무효 매매계약(매도인 vs 수탁자) : 무효(제4조 제1항) ⇩ 명의신탁약정 : 유효 → (제137조) ⇒ 무효 매매계약(매도인 vs 수탁자) : 유효 → 등기 유효(제4조 제2항 단서)
		매도인 선의 위임약정 : 유효 → (제137조) ⇒ 무효 매매계약(매도인vs 수탁자) : 유효 → **등기 유효**(제4조 제2항 단서)	제4조 제3항(제3자와 관계) • 제3자 : └ 수탁자와 직접적 새로운 법률상 이해관계 ○ ⇒ 신탁자 : 선의불문 • 보호범위 : 선의자 × • 무효 주장 × • 수탁자가 선의물권 소유권 취득 제3자 선의물권 소유권 취득 (제4조 보호문제 발생) (제4조 제3항 적용 ×)
적용 ×	제2조 [정의] 제1항 단서 명의신탁약정에서 제외 가. 채당담보 위하여 부동산을 이전(양도담보)받거나 가등기하는 경우(가등 기담보) 나. 부동산의 위치와 면적을 특정하여 2인 이상이 구분소유약정 → 공유등 기(=상호명의신탁) 다. 「신탁법」 또는 「자본시장과 금융투자업에 관한 법률」에 따른 **신탁재산** 인 사실을 등기한 경우	〈처분행위〉 ⇒ 신탁자의 처분 └ 타인권리매매 × ⇒ 수탁자의 처분 : 유효 제3자 선의물권 소유권 취득(제4조 제3항 적용 ×) ↙
	제8조 [종중, 배우자 및 종교단체에 대한 특례] 1. **종중**이 보유한 부동산 : (종중 유사단체 ×) 종중 외의 자의 명의로 등기한 경우 2. **배우자** 명의로 등기한 경우(법률혼만) 3. 종교단체산하조직 → 종교단체 명의등기	조세 포탈, 강제집행 면탈 또는 법령상 제한 회피목적 × ⇩ 규정 적용 제외	① 명의신탁약정 : 유효 ⇒ 등기 유효 ② 소유권 귀속 (신탁자 소유권이전성) 대내 : 신탁자 소유 ⇒ 제213조 직접 × └ 대외 ○ 대외 : 수탁자 소유 ⇒ 제213조 직접 ○ ⇒ 수탁자의 처분 : 유효 제3자 선의물권 소유권 취득(제4조 제3항 적용 ×) ↙ ③ 소멸 : 명의신탁약정 해지 ┌ 언제나 해지 ○ 효과 ┤ 대내 : 수탁자 등기말소 × │ 소유권 물권적 청구권 - 소멸시효 × └ 대외 : 수탁자 등기말소 × ⇒ 수탁자 소유 ○

Chapter 03 가등기담보 등에 관한 법률

■ 가등기담보 등에 관한 법률 적용범위

	가담법상 가등기담보권	저당권
성립	소비대차(준소비대차) + 대물변제예약(매매예약) + 가등기(소유권이전등기)	저당권설정계약+저당권설정등기
적용 범위	① 소비대차로 발생한 채권 ↔ 공사대금, 매매대금 × 　　└ (차용물) ② 대물변제예약 약정이 있어야 함 ↔ **대물변제** × ③ 대물변제 **예약 당시의 목적물의 시가 > 원리금** ④ 채권자 명의의 가등기 or 소유권이전등기 경료	① 피담보채권의 제한 없음 　└ 금전채권에 한하지 × ② × ③ × ④ 저당권등기 경료
청산 절차	(1) 권리취득에 의한 실행(**귀속청산**) 　① 실행통지 - 청산금 평가방법은 주관적으로 충분 　　　　　　　　　　　　　　　if **통지** × 　　• 채무자등(물상보증인, 제3취득자) : 청산기간 - 진행 × 　　• 후순위권리자　　　　　　　　　　: 청산기간 - 진행 ○ 　② 청산기간 : 통지 도달한 날부터 2개월 경과 　　↔ ⅰ) 채무자가 청산기간 경과 전 청산금의 권리양도나 처분 　　　　　→ 후순위권리자에게 대항 × 　　　ⅱ) 채권자가 청산기간 경과 전 청산금 지급 　　　　　→ 후순위권리자에게 대항 × 　③ 청산금 지급 　　ⅰ) 청산금 지급과 부동산의 소유권이전등기 및 인도의무 　　　　→ 동시이행의 관계 ○ 　　ⅱ) **채무자** 등은 청산기간 경과 후라도 청산금을 변제받기 전까지 그 　　　　채무액을 지급하고 담보목적의 소유권이전등기 말소 ○ 　　　　↔ 다만, 그 채무**변제기가 지난 때부터 10년 경과** 　　　　　or 선의의 제3자 소유권 취득 → 말소 청구 × 　　　　≠ 채무자 등의 채무액 반환의무와 소유권이전등기말소의무 　　　　　→ 동시이행의 관계 ×	×
	(2) 경매에 의한 실행(처분청산, 저당권과 동일) 　① 청구인 　　├ 가등기담보권자 　　└ **후순위권리자 : 청산기간에 한정**하여 그 피담보채권의 변제기 　　　　도래 전이라도 ○ 　② 우선변제 : 강제경매 개시 시 가등기담보권자 우선변제권 　③ 가등기말소 : 강제경매 실행으로 가등기담보권은 그 부동산 매각으로 　　　　소멸	경매에 의한 실행

■ 동산양도담보

법적성질	1. 가담법 유추적용 : × 2. 판례 : 신탁적 소유권이전설 ┬ 대내적 관계 : 설정자 → 소유자 / 사용수익권 ○ └ 대외적 관계 : 담보권자 → 소유자

문제되는 경우	**1. 유동집합물의 양도담보(돼지농장/뱀장어)**
	 (1) 유효성 인정 여부 : 특정성
	 (2) 효력이 미치는 범위 :
	  ① 그 집합물을 구성하는 개개의 물건의 변동되거나 변형되더라도 한 개의 물건으로 동일성을 잃지 아니한 채 **항상 현재의 집합물 위에 미침**
	  ② 동일성이 인정되는 범위 내 → 집합물의 과실에도 미침
	  ③ 기존 돼지들 + 통상적인 양돈방식에 따라 출하하여 얻은 수익으로 새로 구입한 돼지 + 그 돼지로부터 출산한 돼지새끼에도 미침
	  ④ 그러나 양수인이 별도의 자금으로 반입한 돼지 효력 ×
	
	 • **비교**
	 집합물이 아닌 돼지를 양도담보의 목적으로 점유개정의 방법으로 계속 점유하면서 사용·수익하기로 한 약정을 한 경우 → 천연과실인 새끼 돼지에는 효력 ×
	
	2. 점유개정에 의한 동산이중양도담보
	 ① 뒤의 채권자는 양도담보취득 ×
	  ↳ 이미 대외적으로 무권리자인 채무자로부터 양보담보를 설정받은 것이므로
	 ② 뒤의 채권자는 선의취득 ×
	  ↳ 점유개정의 방법으로는 선의취득 인정되지 않으므로
	 ③ **다만** 선행 양도담보의 존재에 선의·무과실인 뒤의 양도담보권자 + 현실의 인도 + 양도담보설정계약
	  = 선의취득 ○

※ 민법상 선의·과실 여부 정리표

■ 무효·취소의 효력범위

분류		효력요건 흠결 시	무효·취소의 효력범위
민법	일반적 요건	• 권리능력, 의사능력, **행위능력** 無(취소)	선악불문 대항 可 → 절대적 무효, 취소
		• 확정가능성, 실현가능성, 적법성, 사회적 타당성 無	
		• 의사와 표시의 불일치(제107조 무효, 제108조 무효, 제109조 취소), 의사표시에 하자가 有(제110조 취소)	선의의 제3자에 대항 不可 (선의이면 ok, 무과실 ×) → 상대적 무효, 취소
	특별 요건	• 대리행위에서 대리권의 부존재 • 조건부, 기한부 법률행위에서 조건의 미성취, 기한의 미도래 • 토지거래허가구역 내의 관할관청의 허가 ×	선악불문 대항 可 → 절대적 무효
부실법		제4조 제1항, 제2항의 명의신탁약정, 등기 무효	선악불문 제3자에 대항 不可 (수탁자와 거래한 제3자)

※ 이사의 대표권제한 대항요건으로 등기 필요 : if 등기 ×,　선악불문 제3자에 대항 不可

■ 민법 특별규정과 상대방 요건

민법 특별규정		상대방 요건
표현대리	제125조, 제129조	선의·무과실 규정
	제126조	정당한 이유 규정(判:선의·무과실)
무권대리인의 책임(제135조)		선의·무과실 규정
법인의 불법행위책임(제35조)		선의·무**중**과실 규정
선의점유자의 과실취득(제201조 제1항)		선의(규정)&무과실(判:오신의 정당한 이유 要)
착오 취소권 배제사유		표의자 **중**과실 상대방 입증 시
선의취득(제249조)		양수인의 선의·무과실 要
등기부 점유취득시(제245조 제2항)		선의·무과실 점유 추가 要

박문각 감정평가사

백운정 민법

1차 | 필수암기장

제4판 인쇄 2025. 7. 25. | **제4판 발행** 2025. 7. 30. | **편저자** 백운정
발행인 박 용 | **발행처** (주)박문각출판 | **등록** 2015년 4월 29일 제2019-0000137호
주소 06654 서울시 서초구 효령로 283 서경 B/D 4층 | **팩스** (02)584-2927
전화 교재 문의 (02)6466-7202

이 책의 무단 전재 또는 복제 행위를 금합니다.

정가 9,000원
ISBN 979-11-7262-973-1

저자와의
협의하에
인지생략